U0674459

工业强省战略下贵州
现代物流产业集群的培育研究

袁开福 著

科学出版社

北 京

内 容 简 介

本书着眼于贵州现代物流产业集群的培育问题，分析了贵州路网建设、产业结构和物流产业集群的内在关系，客观评价了贵州物流产业集群及其支撑体系的建设现状，明确了培育贵州物流产业集群的条件并指出其支撑体系建设中存在的问题，提出了贵州物流产业集群及其支撑体系建设的对策和建议。

本书力求尽可能全面真实地反映贵州物流产业集群及其支撑体系的建设现状，做到资料翔实准确，并多以案例形式呈现对策和建议，具有较强的可操作性和借鉴意义，可作为物流与供应链管理、工业工程、物流工程等专业高年级本科生和研究生的参考书；同时也可供有关专业的教师、研究人员、物流企业和物流园区管理人员等专业人士阅读和参考。

图书在版编目（CIP）数据

工业强省战略下贵州现代物流产业集群的培育研究/袁开福著.—北京：科学出版社，2016.12

ISBN 978-7-03-051295-6

I. ①工⋯ II. ①袁⋯ III. ①物流—产业集群—研究—贵州

IV. ① F259.277.3

中国版本图书馆 CIP 数据核字（2016）第 320488 号

责任编辑：方小丽 李 莉 陶 璇/责任校对：邹慧卿
责任印制：徐晓晨/封面设计：无极书装

科 学 出 版 社 出版
北京东黄城根北街 16 号
邮政编码：100717
http://www.sciencep.com

北京京华虎彩印刷有限公司 印刷

科学出版社发行　各地新华书店经销

*

2016 年 12 月第 一 版　　开本：720×1000 B5
2016 年 12 月第一次印刷　　印张：9
字数：180 000

定价：62.00 元

（如有印装质量问题，我社负责调换）

前　言

　　物流产业作为国民经济的新兴服务产业，正在国民经济中扮演着越来越重要的角色，其被誉为国民经济发展的动脉产业，其发展程度成为衡量区域现代化水平的重要标志之一。但是，各地的经济发展表明，过高的社会物流成本已成为制约区域经济发展的瓶颈。为了有效地降低社会物流成本，近年来各地政府对物流产业的载体——物流园区给予前所未有的关注和支持，大力推动物流园区建设。发达国家的经验表明，物流产业发展趋向于集群化，依托物流产业集群已成为物流产业提升竞争优势的有效途径。本书按照"理论研究——实证研究——比较研究——对策措施"的研究思路展开：在理论研究中，主要从产业经济联系角度，分析路网建设对贵州产业发展的影响，特别是对物流产业集群及其空间布局的影响；在实证研究中，对贵州主要交通通道沿线涉及的县区市产业发展状况特别是物流产业的发展状况进行实地调查研究；在比较研究中，主要对德国、日本物流园区建设和运营方面进行比较分析，总结其成功的经验；在对策措施研究中，基于制约物流产业集群发展的各方面问题，针对性地提出贵州培育和发展物流产业集群的对策和建议。主要章节安排如下。

　　第1章为绪论。该章分析了贵州培育现代物流产业集群的现实要求，阐明了构建贵州现代物流产业集群的理论意义和实践价值，对产业集群、物流产业集群、物流设施、物流产业、供应链协同管理、区域物流和物流园区等基本概念及其作用进行界定。在此基础上，本书通过对国内外物流产业集群的研究现状进行评述，指出当前研究的不足，并给出研究思路和研究内容。

　　第2章为贵州路网建设、产业结构和物流产业集群的关系。该章具体包括贵州路网建设现状、贵州路网建设对物流产业集群的影响分析、贵州产业结构现状和调整趋势，以及贵州产业结构与物流产业集群的关系，明确了物流产业集群构建对提升贵州的市场竞争力、形成区域产业优势和推动招商工作等方面的作用和价值。

　　第3章为贵州物流产业集群建设现状及其培育的条件。该章分析了贵州物流产业集群建设的现状，在此基础上提出了贵州培育物流产业集群的条件，明确了贵州省发展物流产业集群应具备的条件、已具备的条件和尚不具备的条件。

　　第4章为贵州物流产业集群支撑体系建设现状及存在的问题。该章主要分析了物流基础设施、第三方物流体系、物流标准化体系、供应链协同管理体系等支撑体系的建设现状及存在的问题。

第5章为贵州物流产业集群建设的对策建议。该章主要针对当前贵州物流产业集群发展中面临的问题和困难，通过对发达国家物流园区建设经验的归纳和总结，提出了加强政府在贵州物流产业集群建设方面的规划引导、加快建立物流园区运营绩效评价体系、推动物流园区协同运作模式的建立、加强物流园区运营的全流程管理、推动物流联盟的建立和探索物流企业合适的增值业务发展模式等对策建议。

第6章为贵州物流产业集群支撑体系建设的对策建议。该章主要针对贵州物流产业集群支撑体系建设发展中存在的问题，提出了加大物流基础设施建设、壮大第三方物流体系、推进物流标准化体系建设、加强物流产业集群宏微观层面的协同管理、加强物流供需耦合系统协同发展效果评价和重视工商企业物流业务的外包等对策建议。

第7章为现代物流产业集群研究总结及展望。该章是对本书的主要研究工作进行总结，并指出存在的不足及未来的研究方向。

本书得到了贵州省优秀科技教育人才省长专项资金项目——工业强省战略下贵州现代物流产业集群的培育和发展对策研究（黔省专合字〔2011〕66号）、贵州财经大学省级特色重点学科工商管理第五期学科建设基金的资助，本书的编写和出版还得到贵州财经大学工商学院肖小虹院长和科学出版社李莉策划编辑的大力支持。在此一并表示衷心的感谢！此外，本人在写作过程中参考了大量文献，并尽可能地将这些文献列入参考文献，但仍难免有遗漏，这里特向漏列的作者表示歉意，并向所有参考文献的作者表示谢意。由于本人水平有限，加之编写的时间仓促，书中的不足在所难免，敬请读者批评指正。

作　者

2016年9月

目　　录

第1章 绪 论

1.1 高质量的物流服务呼唤物流产业集群

1.1.1 整合物流资源是工业强省战略的内在要求

《贵州省国民经济和社会发展第十二个五年规划纲要》明确将"加速发展、加快转型、推动跨越"作为贵州省"十二五"期间发展的主基调，"工业强省"是贵州省重点实施的两大战略之一。该规划纲要提出"十二五"期末全省生产总值确保实现8 000亿元，力争翻一番、突破1万亿元，其中电力、煤炭、冶金、有色、化工、装备制造、烟酒、民族医药和特色食品及旅游商品为主的特色产业八大产业产值分别超过1 000亿元；同时，全省将建成和完善100个左右具有一定规模的产业园区，其中30个产值达到100亿元以上。根据《贵州省国民经济和社会发展第十三个五年规划纲要》，2015年贵州地区生产总值达到10 502.56亿元，达到预期设定的目标。在此基础上提出了"十三五"期间贵州地区生产总值年均增长10%左右，到2020年，确保达到1.8万亿元，力争2万亿元的总体经济发展目标。其设定的目标非常鼓舞人心，但是要实现这些目标，除了用足、用活、用好国家产业政策和加强工业体制机制创新外，还需加快服务业特别是生产性服务业的发展，而现代物流产业是生产性服务业中最重要的产业之一。现代物流产业是以现代运输产业为重点，以信息技术为支撑，以现代制造业和商业为基础，集系统化、信息化、仓储现代化为一体的综合性产业。另外，贵州目前乃至未来较长一段时间内都将处于工业化阶段，原材料与产成品的大进大出、快速流动都离不开物流产业的高效运作。但贵州省物流产业的现实情况是，物流企业规模小、实力弱，物流的专业化、社会化程度低，发展方式比较粗放、功能较单一，服务质量和效率难以满足社会化物流的需要[①]。因此，如何整合贵州省弱小物流企业的资源和能力，为工业企业提供全方位的物流服务是一道亟须破解的难题。

---

① 该结论来自《省人民政府关于印发贵州省贯彻落实物流业调整和振兴规划工作方案的通知（黔府发〔2009〕28号）》。

1.1.2　培育贵州现代物流产业集群研究具有重要价值

物流产业集群是指聚集在物流集中地区及附近区域并依托公路、铁路和港口等物流信息，以第三方物流企业为核心，在业务上有着分工和合作的物流企业及其相关单位所形成的介于市场和企业之间的网络化产业组织形式和社会经济现象。物流园区、物流市场、物流中心是物流产业集群最主要的外在表现形式（陈云萍，2010）。因此，就培育贵州现代物流产业集群展开研究具有重要的理论意义和实践意义，具体表现如下。

1. 理论意义

（1）贵州现代物流产业集群形成了一整套国内欠发达地区培育现代物流产业集群的理论和方法体系。目前，国内欠发达地区培育现代物流产业集群相关的研究成果非常少且零散。而本书对贵州现代物流产业集群发展现状、发展的动力机制与制约要素、路网建设、产业结构与物流产业的互动关系等进行深入系统的研究，为推动贵州现代物流产业集群的加速形成、运营效率与效益的快速提升提供理论支持和方法指导。

（2）贵州现代物流产业集群丰富和拓展了物流产业集群研究的内容和边界。现有的物流产业集群研究主要集中在沿边、沿江和沿海等区位优势相对明显的省、自治区和直辖市，而对于一个以铁路、公路为主要交通载体，"三不沿"的内陆省贵州而言，关于如何通过培育现代物流产业集群来发展壮大物流产业的问题，尚未开展系统的相关研究。

2. 实际意义

（1）培育现代物流产业集群，有助于推动贵州经济的快速发展。根据测算，2013年，我国单位GDP对物流需求的系数为1：3.36。而同期，贵州单位GDP对物流需求的系数仅为1：2.72，远远低于全国平均水平。换言之，物流产业发展滞后已经严重制约了贵州经济的发展。

（2）培育现代物流产业集群，有利于优化贵州的产业结构。从产业链整合角度看，随着全球化和区域一体化的进程加快，现代物流产业已经成为区域产业集群和区域经济一体化的先导驱动产业和加速发展的润滑剂，许多产业的发展需要现代物流的支持。现代物流产业集群的形成有助于加快市场要素的流动，促进贵州经济产业结构高级化、产业空间布局合理化和产业发展现代化。

（3）培育现代物流产业集群，有利于提升贵州招商引资的吸引力。随着经济发展，投资者越来越注重物流环境的选择，各地在招商引资上正由土地、劳动力、优惠政策的竞争转向物流环境的竞争。可是，因贵州省物流产业不发达，外商采购与配送的成本较高，削弱了对外资的吸引力。但是，随着贵州省现代物流产业集群的逐步形成，物流运营成本居高不下的局面将得到根本性改变，这将有助于提升贵州对国际产业和我国沿海地区产业转移的吸引力。

（4）培育现代物流产业集群，有利于增强贵州生产制造企业的核心竞争力。随着市场竞争的加剧，生产制造企业不仅需要运用现代物流理论对以订单为中心的企业流程进行再造，而且会越来越倾向于将原材料采购、产品销售、运输和仓储、售后维修等业务外包给专业物流企业，从而能够将有限资源集中于自己的优势领域，提高生产制造企业的核心竞争力。

（5）培育现代物流产业集群，有利于提升贵州物流产业的整体竞争力。物流产业不同于其他产业，有其自身的特殊性。物流各个功能环节差异较大，同一家企业要控制所有物流过程比较困难。而通过专注于不同流程的物流企业进行相互协作，既有利于提高集群内物流企业自身的核心能力，又有利于整合集群内物流资源，有助于改变贵州物流产业弱小的不利局面。

本书以贵州物流产业为研究对象，以推动贵州现代物流产业集群的形成并以提出相应的发展对策为研究目的。在贵州实施工业强省战略的背景下，本书就贵州物流产业集群发展的动力因素和制约因素进行系统分析，具体实现以下研究目标：①明确贵州物流产业集群的发展态势及其存在的问题。②明确路网建设、物流产业集群与产业结构之间的相互关系。③通过对物流基础设施、第三方物流、物流标准化体系和贵州供应链协同管理现状进行分析，指出其存在的各种问题。④针对存在的问题，提出物流产业集群宏观和微观层面协同管理的对策和措施，为政府推动物流产业集群建设提供政策引导，为物流企业、物流园区管理提供可操作的决策支持。

1.2 物流产业集群及相关概念

为了更好地对贵州物流产业集群进行研究，这里对物流产业集群及相关概念进行界定。

1.2.1 物流产业集群及其模式、特征

1. 产业集群与物流产业集群

不同学者对产业集群（industrial clustering）有不同的表述，但基本上都认为产业集群是领域上相互联系、地理上相对集中的企业群体。代表性观点包括：波特认为产业集群是在某一特定领域内相互联系的、在地理位置上集中的公司和机构的集合。集群包括一批对竞争起重要作用的、相互联系的产业和其他实体（宋瑞峰，2011）。王缉慈（2001）认为产业集群是一组在地理上靠近的、相互联系的公司和关联的机构，它们同处或相关于一个特定的产业领域，由于具有共性和互补性而联系在一起。魏江（2003）认为产业集群为某一特定领域内相互联系的

企业及机构在地理上的聚集体，该聚集体内部存在产业链上企业的纵向联系和竞争企业与互补企业之间的横向联系。目前，产业集群思想已经渗透到物流领域。但是，物流产业集群概念较新，缺乏一个统一的定义。国内学术界比较认同的观点有：在一个区域地理环境中，聚集着功能不同的物流企业，依靠地理和区域经济的优势，将运输、仓储、货物进出口、物流加工与配送及信息处理有机集成，形成物流产业链，提高物流运行效率（章建新，2007）；或在一定的空间范围之内，以物流骨干企业为核心的，同时由具有竞争和合作关系、有相互关联性的物流企业，专业化的供应商，服务供应商，相关产业厂商及相关机构（如大学、制定标准化的机构、产业公会等）集中并保持持续竞争优势的现象（文海旭，2005）；或在某一特定的区域内，以交通运输枢纽设施（如港口、机场、铁路货运站、公路枢纽等）、科研开发组织（物流技术、物流信息平台的研发等）、管理部门为依托，以第三方物流企业为核心，运输、仓储、装卸、包装、加工、配送、物流信息及其相关制造、流通企业在空间上的集聚现象（王瑛，2005）。综合相关学者的研究，本书认为物流产业集群是指在特定区域内，以物流需求为导向，以交通枢纽设施（如港口、机场、铁路火车站、高速公路出入口等）为支撑平台，以科研开发组织（如物流技术、物流信息平台的开发等）、管理部门、金融服务机构和一些中介组织为依托，相互之间存在着竞合、依存、促进关系的物流企业及有关单位（如需要物流服务的制造业、流通业等）和机构（如教育机构、行业协会等），在地理上形成空间集聚体并保持持续竞争优势的社会经济网络。

2. 物流产业集群的模式

物流产业集群模式是在一个宏观环境下物流企业与相关组织相互作用的产物。一般地，物流产业集群的动因有很多，根据其形成机理和政府的作用可分为以下三种类型。

1）政府主导型物流产业集群模式

政府主导的物流产业集群是指以政府导向为中心，以政策支持为动力的自上而下形成的集群。其是一种多以物流园区为依托，划定特定区域，通过招商引资，集中投入建设的物流集群模式（马丽，2008）。它的发展模式为由政府批准规定出特定区域，再由政府组织集中投入建设。这种集群的特点是以政府导向为中心，以政策法规为保障来指引物流集群的发展方向，即在遵循经济规律的前提下注重政府宏观层面的规划。这种集群模式下的政府与企业是引导与被引导的关系，这种关系是为了达到供需对接、降低风险、协调发展、因势利导的效果。

2）区位导向型物流产业集群模式

企业为了有效利用区位优势而形成的产业集群被称为区位导向型集群。这类物流集群是以区位优势为基础进行发展的，在集群内部以区位优势为保障来发展各种与区位条件密切相关的物流园区。区位优势一般是指地理区位优势，当然也包括社会区位优势。大江大河或者海洋附近的港口码头因其有利的地理环境，是天然的物流产业集群地。而在距离铁路公路等基础设施近的地方也往往有很多的物流中心或物流园区，如紧靠金华收费站的金华物流园区。

3）主导产业依附型物流产业集群模式

物流业属于第三产业，是为第一、第二产业服务的。主导产业依附型物流集群是依附于地区内主导产业的物流需要而发展起来的，这种集群模式适用于产业结构优势明显且主导产业具有一定规模的地区，如位于修文县的扎佐物流园区。

3. 物流产业集群的特征

物流产业作为一个新型行业，其发展与制造业、流通业有着千丝万缕的关系，因此物流产业集群往往与其他工业园区或产业相伴而生。物流产业集群除了具有一般服务业的特征外，也具有与传统产业集群不同的特征，主要体现在以下三个方面。

1）物流产业集群的高度依赖性

物流需求是一种引致性需求，是为进一步的生产活动做准备，本身并不能创造价值。物流业的职能是按需求方的要求，将所需的产品按时、按地、按量、按要求从始点送到终点，物流产业的这种特征决定了其生存是以其他产业的发展为基础，对其他产业发展有高度的依赖性。另外，物流产业集群对区位选择也有较高的依赖性，主要表现在两个方面：①对空间的要求较高，有较大的依赖性。一般选择在城市边缘地区，城市边缘地区土地资源开发较好，用地充足，成本较低。②对交通基础设施的依赖性较高。为了将其他产业的商品或中间产品快速、高质量地运往需求地，物流企业一般聚集在交通较便利的地方，如火车站、港口附近或者高速公路出入口。

2）物流产业集群成本的低廉性

物流产业集群成本的低廉性体现在供需双方。对于物流服务的提供方，即物流产业集群内的物流企业，由于集群内吸引了不同规模、不同运作模式的企业，其中必然集中了很多（如人才、技术、信息等）物流资源，这些物流企业可以共享这些物流资源及其他基础设施设备，从而降低了企业的运营成本。与此同时，作为物流需求方的制造企业或商贸企业，由于不同类型企业要求的物流服务功能和档次不同，必然要求物流服务产品多样化、多层次化、个性化，为了找到合适的物流服务提供方，需求方将支付较高的搜寻成本。而物流产业集群的形成使各种层次的物流企业集聚在一起，降低了搜寻成本，正好解决了需求方寻找合作伙伴的难题。

3）物流产业集群的竞合关系性

现代物流不同于传统意义上只包含运输和仓储的物流，现代物流还包括流通加工、分拣、包装、配送、物流信息和物流金融等多项服务，单个企业的孤军备战方式已经不适合当今物流企业的发展。只有当物流企业间有效地展开竞争和合作，实现双赢和多赢时，才能促进物流企业和整个行业的发展。总之，物流服务产品的差异化和个性化使得集群内的物流企业具有竞合关系的特征。

1.2.2　物流设施与物流产业

物流设施建设是物流产业发展的前提和基础，物流产业引领物流设施建设不断更新和进步，二者相互促进，相辅相成，共同推动地方经济的增长。

1. 物流设施

物流设施是指在物流活动过程中的供应链整体服务功能或供应链某些环节上，为了满足物流组织与管理的需要，提供具有综合或单一功能场所或组织的统称，主要包括物流线路和物流节点。简而言之，物流设施是指在物资发生时间转移和空间转移的过程中，为其直接或间接提供服务的设施总称。物流各功能要素在参与物流活动过程中所需用到的各种公用设施，各种不同的运输线路、运输线路的交汇节点及货物理货终端，不仅包含了有形的物质设施，还包含了无形的信息服务。物流设施的分类如图1-1所示（耿勇，2010）。

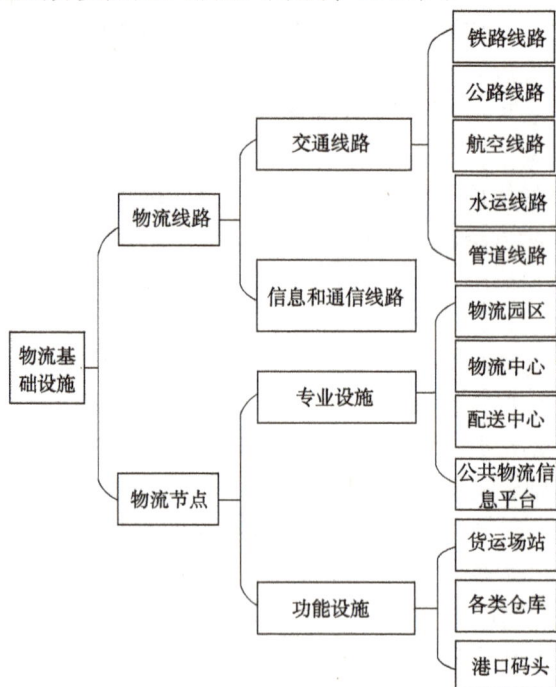

图 1-1　物流设施的分类

2. 物流产业

产业是指当社会生产力发展到一定程度时由利益相互联系的、具有不同分工的各个相关行业所组成的业态总称。这些行业有着不同的经营方式和经营形态，但却围绕着共同的产品开展经营活动。由此，物流产业可以定义为：为完成物资的运输、仓储、装卸、搬运、包装、流通加工、配送、信息处理等一系列工作而形成的一种复合型或聚合型物流资源产业化产业，它具体包括运输业、仓储业、装卸业、包装业、加工配送业、物流信息业等。当然，所有产业的物流资源并不是简单的叠加，而是一种整合，通过取长补短，促进协作，最终达到1+1>2的功效。需提及的是，物流产业的活动是组织与组织之间有关物资流动的交易活动，而不是组织内部的物流活动或物流业务。例如，尽管生产企业和流通企业都存在大量的物流活动或物流业务，但是这些物流活动或物流业务本身不是物流产业，只有将这些物流活动或物流业务独立化、社会化为一种经营业务，才能称其为物流产业。

1.2.3 物流产业集群供应链协同管理

1. 供应链协同管理的内涵及优势

供应链管理是指通过运用管理技术、信息技术和过程控制技术，达到对整个供应链上的信息流、资金流、物流、工作流和价值流的有效规划和控制，将客户、供应商、制造商、销售商和服务商等合作伙伴连成一个完整的网链结构模式，建立起一个共享的信息平台，构建成一个具有很强竞争力和协同化环境的供应链战略联盟。随着全球经济的一体化，企业之间的竞争逐渐被供应链之间的竞争所取代。为了迅速满足客户需求，增强供应链的整体竞争力，供应链上各成员只有协同合作，才能谋求更大的发展空间。因此，供应链协同管理的概念应运而生。供应链协同管理是指信息无缝地、顺畅地在供应链中传递，减少因信息失真而导致过量生产、过量库存的现象，使整个供应链能根据顾客需求步调一致，实现同步化的管理。协同管理包括内部协同和企业之间的协同。供应链协同管理能降低集群内成本，提高集群内的快速反应能力，提升产业集群的客户服务水平。通过实施集群的战略协同，可促进集群内的企业协同决策。依靠供应链协同管理机制能提升产业集群的竞争力。建立集群供应链的协同信任与约束机制，能采用协同的商务平台策略，有利于推动产业集群的持续发展。

供应链协同具有很大的优势，供应链协同的企业可以相互依赖，实现信息共享，分享业务数据，联合进行预测、计划管理、完成绩效评估，在商务目标一致的情况下实现协同工作，实现紧密无缝的业务集成，缩短市场反应时间；可以通过价值链的分解与整合实现优势互补，获得新的竞争优势，供应链中的多个企业沿着价值流方向实现战略规划协同、物流管理协同、服务管理协同及信息知识协同，提高客户期望价值与供应链效率；可以通过对合作企业资源、业务，甚至形象的共享，获得产品生产、市场营销和研究开发的扩散效益，降低盲目扩大规模所带来的风险和投入，获得持续的竞争优势。

2. 物流产业集群供应链协同管理的要求

为了实现在物流产业集群内部实现供应链协同管理，必须实现软硬件资源共享，具体表现如下。

（1）物流设施设备共用。道路基础设施、仓库、装卸搬运设备等资源的共用提高了资源利用率，分摊了固定成本。例如，水路港口码头、铁路货运站场等设施具有公共属性，通过共用不仅能够有效节约物流成本，还能够为物流园区人才的交流提供一个良好的平台。因为，集群内的物流人才交易成本低，集群内丰富的劳动力资源和各种中介机构促进了人才的流动。集群内企业间的联系也为人才流动提供了条件和途径。通过物流专业人才的流动，社会资源得到优化配置，加速了物流产业集群的发展及知识创新的过程，这将为集群内成员的发展提供良好的外部条件。

（2）物流信息平台的共享性。集群内组织间的正式和非正式的交流使各成员间更容易接收信息，矫正信息，提高信息的质量。信息的交流提高了集群内企业成员对物流产业知识的了解，降低了信息利用成本，提高了信息利用率，使物流产业集群运行更加高效。另外，包括订单管理、计划、成本核算、过程跟踪、业务协同等功能在内的公共物流信息平台通过对银行和税务等部门进行信息共享，提高物流作业效率。

（3）供应链上各结点的衔接性。即与以供应链为轴心的企业结合、联盟取代传统上相对封闭的经营系统。传统供应链上的结点企业只和相邻企业进行沟通，而且信息传递准确性不是很高，常因企业估计不准造成了牛鞭效应，而物流产业集群要求供应链上各结点信息必须无缝地、顺畅地在供应链中传递，使供应链通过同步化来响应市场的需求。

3. 物流产业集群供应链协同管理的层次及具体内容

物流产业集群供应链协同管理主要集中在三个层次，其具体内容如下。

（1）最高层次的战略层协同。物流产业集群内各企业通过管理集成系统的整体性目标指导企业的发展方向和经营策略，在中间层面上发挥调控作用，使企业间的竞争以有序的方式出现，消除不符合产业集群发展的因素，在一定程度上克服传统企业运营和集群经济发展过程中面临的资源匮乏、分散与市场机遇多样化之间的矛盾，实现物流产业集群的结构调整和优化升级。

（2）中间层次的策略层协同。物流产业集群以供应链的网络结构机制优化集群内外企业的联系；以供应链的分工合作调节机制使集群内各企业专注做自己最有竞争优势的业务活动，实现整个集群内的需求、采购、设计制造、分销和配送等环节的协同，增强产业集群的发展原动力；以供应链的协同创新机制提高产业集群的整体创新能力，具体策略层协同包括采购协同、设计制造协同、分销协同、配送协同、风险承担、收益分配等。

（3）基础层次的技术层协同。在供应链信息共享机制指导下的物流产业集群，以网络技术为支撑，实现物流产业集群中两个或多个企业间库存水平、需求、生产计划等信息的共享，再由点到面，最终使物流产业集群内企业实现信息共享，提高物流产业集群对市场的响应速度。物流产业集群内外商务平台的建立可按以下步骤完成：首先，在产业集群内部各节点企业中建立内部网；其次，实现各企业之间网络的对接，开发并运行集成化协同管理信息系统；最后，加强企业之间的协作与沟通，确保企业之间的信息共享，保证协同商务平台的高效运行。物流产业集群供应链协同管理的层次及内容，如图1-2所示。

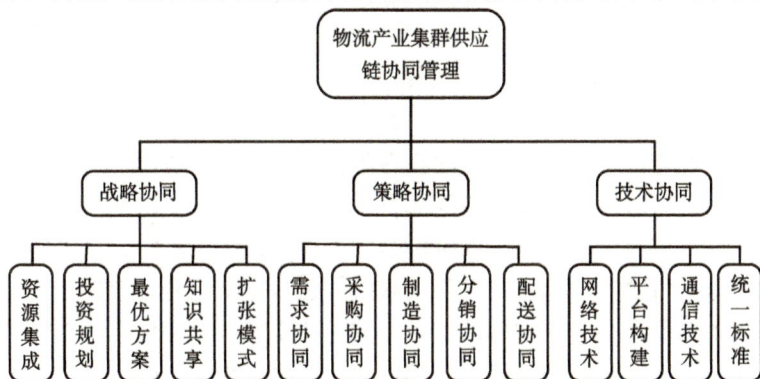

图 1-2 物流产业集群供应链协同管理的层次及内容

1.2.4 区域物流

1. 区域物流与区域经济

区域物流是指全面支撑区域可持续发展总体目标而建立的适应区域环境特征，提供区域物流功能，满足区域经济、政治、自然和军事等发展需要，具有合理空间结构和服务规模，实现有效组织与管理的物流活动体系。而协同发展是指协调两个或者两个以上的不同资源或者个体，相互协作完成某一目标，达到共同发展的双赢效果。协同发展论已被当今世界许多国家和地区确定为实现社会可持续发展的基础。协同发展的核心在于"和谐"，认为一些物种的胜利是与另一些物种共同进化形成的，也就是共荣共存。目前，有关区域物流协同发展的研究大多是围绕区域物流与区域经济的相互联系、区域物流发展存在的问题及策略等方面展开，如常士全和梁冠民（2011）、王洪云（2010）、王新桥（2012）等。经济全球化进程的加快和区域经济一体化的快速发展使区域物流的发展越来越受到人们的重视。发展区域物流对区域经济发展有重要意义，区域经济协调发展及产业分工协作的不断增强促进经济活动的频繁化和多元化，刺激物流需求，使区域物流的价值和重要性越来越显现，使物流业在国民经济中的地位得到提升。同时，区域物流的协同发展能够很好地整合区域物流资源，避免大量的重复建设和资源浪费，对于自身物流系统的完善也有重要意义。一般来说，区域经济较发达的地区，区域物流的发展水平要求也就越高，因为其经济层次必须要求相当的物流发展水平作为企业间经济协作的保证。区域经济的结构决定了区域物流的结构，如果经济发展的速度与物流产业的结构发展没有有效的统一，那么经济与物流业就做不到科学合理的协调发展。尽管区域物流发展依赖于区域经济的发展，但是区域物流是区域内各个企业之间相互协作的重要联系，是维系区域内企业之间作为一个发展统一整体的保证。因此，区域经济与区域物流在结构上相互适应和互补对两者的发展有重要价值。

2. 区域物流供需耦合系统协同发展

"耦合"在通信工程、软件工程、机械工程等工程中是指两个或两个以上的电路元件或电网络的输入与输出之间存在紧密配合与相互影响，并通过相互作用从一侧向另一侧传输能量的现象。简而言之，耦合是指两个或两个以上的实体相互依赖于对方的一个量度。耦合的关键是打破原有系统的界限，以经济要素的自然关联和信息的自由流动为原则，将关联要素进行重新组合，形成具有自组织结构、系统内各个要素具有能动性的"活"的主体系统。物流供需耦合系统由物流供给子系统、需求子系统和环境子系统构成，能以自组织方式形成空间、时间和功能有序结构的开发性系统。区域物流供需耦合系统协同发展是指系统中子系统及构成要素之间具有相互协同、相互合作、互补、同步等多种关系，并由于这些关联关系，使系统呈现出协同结构和状态。这种关联关系并非一成不变，相反，它呈现出一种动态的协同关系，且系统的协同性通过系统的动态调节机制反映出来。物流供需耦合系统中子系统和构成要素之间、系统和区域外界环境之间在相互作用过程中，总是存在着各种矛盾、各种不协同的现象。只有不断地进行协同、调节，才能保持系统之间的动态平衡协同发展关系，从而使系统整体，以及各个子系统都能充分发挥其功能，达到整个系统整体的最佳效应。图1-3为物流供需耦合系统协同发展模型。

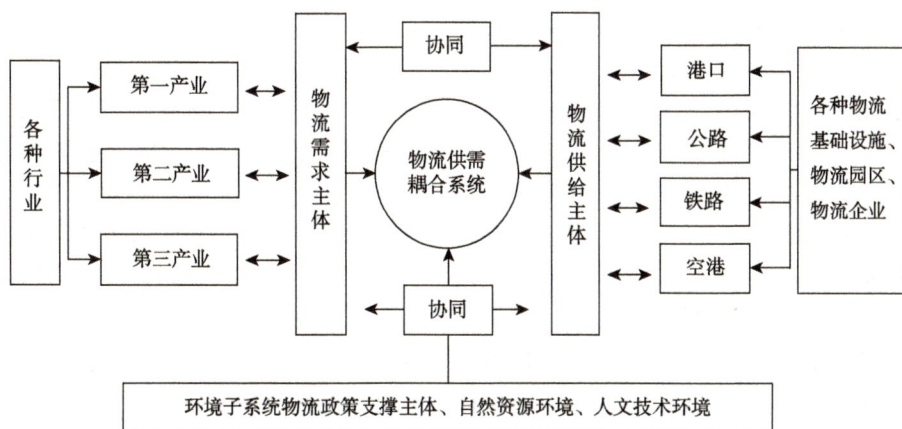

图 1-3 物流供需耦合系统协同发展模型

如图1-3所示，港口、公路、铁路和空港等各种物流基础设施、物流园区、物流企业等构成了物流供需耦合系统的供给子系统，它们之间相互协调、互为基础；三次产业构成了物流供需耦合系统的需求子系统，它们相互促进、相互合作，是内在的、整体的、综合的发展聚合；而物流政策支撑主体、自然资源环境、人文技术环境则组成了物流供需耦合系统中的环境子系统，其中物流政策支撑主体主要是与区域物流相关的法律法规。与其他系统相比，物流供需耦合系统除了具有一般物流系统的特征之外，还具备自身的一些特征，具体表现如下。

1）相对独立性特征

区域物流供需耦合系统中的"区域"是具有特定经济意义的地域范围，尽管地区对其拥有政治管理权、经济管理权，但它并非纯粹的行政区概念，也不是完整的自然地理单元，它是在一定层次行政区域划分的基础上，按照物流活动的内在联系形成的经济区域。各个区域与其他区域之间存在较明显的功能差异和界面分割，具有相对独立性。区域内各个主要物流主体的共同利益是区域物流耦合系统存在和发展的根本原因。

2）自组织特征

协同学将研究对象看做由大量子系统组成的系统，这些子系统彼此之间通过物质、能量或信息交换等方式相互作用，通过子系统的这种相互作用，整个系统将形成一种整体效应，或者一种新型的结构。物流供需耦合系统正是这样一种自组织系统。所谓系统自组织是指一个系统通过开放的物质、能量、信息的交换，从而获得或形成新的时间模式、空间模式或功能结构，在过程中没有外界的特定干预。物流供需耦合系统具有自我适应、自我发展、自我进化的自组织特征。

3）被组织特征

物流供需耦合系统是由人参与的大系统，如需求子系统中的第一、第二、第三产业涉及了各行各业的工作人员，环境子系统中物流政策的制定者和实施者，供给子系统中各类型物流基础设施和物流企业的拥有者和经营者等。物流供需耦合系统中各个子系统中的规划者、建设者、使用者、管理者均直接参与系统的发展演化，人的主观能动性决定了物流供需耦合系统的发展演化，物流供需耦合系统必然要受到人为可见的组织控制，如物流政策制定等。因此，在物流供需耦合系统内部除了具有自然系统的特征，存在系统自组织现象之外，还具有人工系统的特征，具有"被组织"特征。系统发展进化是自组织和被组织复合作用的过程。

4）序参量的支配性特征

序参量是用于描述系统宏观有序度或宏观模式的参量。它旨在描述系统在时间进程中会处于什么样的有序状态，具有什么样的有序结构，运行于什么样的模式中，并以什么样的形式存在和变化等。序参量支配并规定着各种微观子系统的有序状态、结构性能及有序度的变化。由于各个子系统及其控制参量受到少数序参量支配，并跟随序参量运行，所以整个系统的行为也是由序参量的行为所决定，受序参量控制，在序参量的主导作用下进行有组织地、有规律地演化。物流供需耦合系统协同发展的序参量支配性特征主要表现在：系统由无序向有序变化的关键在于系统内部序参量之间的协同作用，它们左右着系统相变的特征和规律。系统序参量是指在该系统中供给、需求、环境子系统之间协同运作过程中反映各个子系统的状态并对各个子系统起到支配性作用的变量。在一段时间内一个序参量占主导地位，支配其他的序参量。但是不久之后，这个序参量就可能失去其主导地位，而另外一个序参量占据了这个主导位置，并这样周而复始，依次重演（李希成和林云，2007）。

3. 区域物流协调对区域经济发展的促进作用

1）整合物流资源，降低物流成本，提高经济优势

区域物流协同发展，能够有效整合物流资源，使之能够得到充分的利用，而不是造成大量资源的闲置。从这个角度上讲，物流系统在区域物流协同发展的背景下逐步趋于完善，能够有效地改善区域间的物流环境和经济环境。区域物流协调发展，有助于提升物流活动各个环节的功能，大大缩短物流服务的反应时间，提高物流服务质量，降低物流成本，进而减少企业的运行成本。相对于较低的物流成本和较快的反应时间，区域物流还能够加强区域间的经济往来，促进区域内经济体系扩张，使区域内产品有一定的成本优势，能够更好地集中区域内的经济资源，扩大市场需求，提高区域的规模经济效益，有效提高区域经济的市场竞争力。

2）聚集效应明显，促进产业结构升级

物流业是伴随着经济发展过程中产生的一个新兴行业，本身属于第三产业服

务行业，因此物流业的发展有利于促进产业结构的升级。例如，过去贵阳的经济主要是依靠第一产业和第二产业，由于各种原因，第三产业的规模一直上不去，经营效益也不好。但是，随着该地区物流产业的发展，大量的信息流、技术流和现金流聚集，第三产业增加值占地区生产总值的比重已由2012年的53.6%上升至2015年的57.2%。同时，物流产业发展带动了会展业、商贸业等相关产业的发展，从而促进产业结构的升级。

3）促进区域产业集群的形成，提升区域产业竞争力

产业集群是指在某一特定领域（通常以一个主导产业为主）中，大量产业联系密切的企业及相关支撑机构在空间上集聚，并形成强劲、持续竞争优势的现象。物流产业集群的主要作用在于它的协作和创新效应，即在区域内加强了企业与企业之间的协作，或者在产品流过程中，物流产业集群为企业间的协作提供便利。表现为区域内物流服务水平的不断提高，促进企业间更紧密的合作，促进其他产业集群的发展，从而提升区域经济竞争力。同时物流产业集群的发展也会带动区域内相关产业采用一些先进的管理技术，如供应链管理、精益生产管理等，提升区域内产业竞争力。

1.2.5 物流园区及其分类

目前，物流行业对物流园区的定义没有一个统一标准。根据国家《物流术语》标准，物流园区是指为了实现物流设施集约化和运作共同化，或是出于考虑合理化的城市物流设施空间布局，在城郊选择适合的地方集中建设适合众多物流企业办公区域。物流园区出现于20世纪末，发展时间短。对于物流园区的分类在物流行业中也有不同的理解，有根据运输方式分类，也有根据行业导向分类，还有根据依托对象分类，如张莉莉（2007）研究发现德国物流园区临近港口，靠近铁路编组站。一般地，物流园区分类标准如下。

（1）按物流所依托的运输方式：航空港口物流园区、航海港口物流园区、铁路枢纽物流园区、公路枢纽物流园区和依托多式联运物流园区。

（2）按物流园区经营性质：第三方物流园区、第四方物流园区。

（3）按行业导向不同：专业型物流园区、综合型物流园区。

（4）按经营主体划分：自用型物流园区、公共型物流园区。

（5）按位置构成不同划分：集中型物流园区、非集中型物流园区。

（6）按发起主体和发起者划分：公共投资型物流园区、私有投资型物流园区、公共—私人合作型物流园区。

（7）按层次结点不同：物流基地型物流园区、物流中心型物流园区、配送中心型物流园区。

（8）按区域辐射范围分类：国际型物流园区、区域型物流园区、市域型物流园区。

（9）按服务对象分类：商贸服务型物流园区、货运服务型物流园区、生产服务型物流园区和综合服务型物流园区。

当然，从物流园区运营角度看，根据其主导功能，还可将物流园区分为配送型、仓储型、货运枢纽型和综合型物流园区。其中配送型物流园区以配送功能为主，主要向辐射范围内的各区域提供货物配送服务；仓储型物流园区以大型的仓库群为基础，主要以存储功能为主，可以看成是集货中心；货运枢纽型物流园是处于交通枢纽位置、依托交通枢纽建立的转运型物流结点；综合型物流园区涵盖存储、运输、配送等诸多功能。

另外，从物流园区所处供应链的位置看，物流园区会因服务于上游或下游客户的不同而具有不同的功能。例如，当物流园区的上游客户为原材料供应商或者零部件制造商而下游客户为制造商或工厂时，物流园区主要的服务对象就是原材料、零部件，其应具备的主要功能就是对原材料、零部件的储存、分拣、配套组合、配送、加工和预处理等。当上游客户为工厂或上级分销商（核心企业），下游客户为分销商（代理商、批发商）或零售商时，服务对象为产成品，物流园区应具备仓储、运输、配送、信息处理和交流等功能。显然，从整个供应链角度，物流园区可分为A、B、C、D四种物流园区，如图1-4所示。

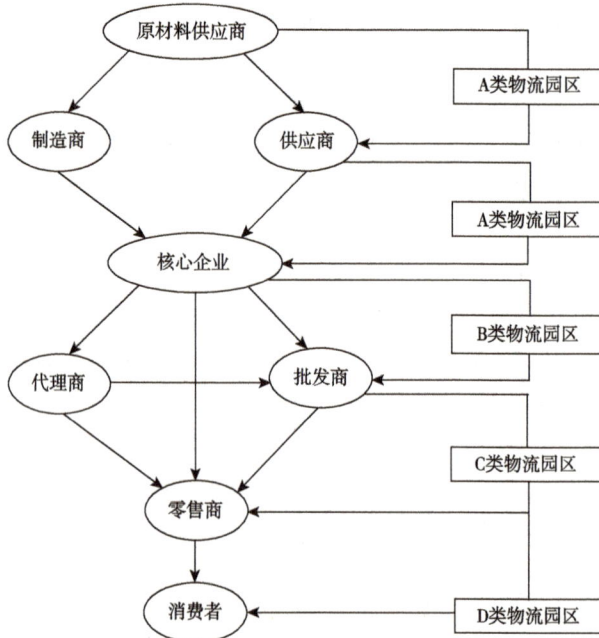

图1-4　处于供应链不同位置的物流园区

1.2.6　物流标准化与物流标准

物流标准化是指在运输、配送、包装、装卸、流通加工、保管、信息管理，以及资源回收等环节中，对重复性事物和概念制定、发布和实施各类标准，达到协调统一，获得最佳秩序和社会效益（林勇，2008）。物流标准化以物流作为一个大的系统，制定系统内部设施、机械装备、专用工具等技术标准，以及包装、装卸、运输、配送等各类作业的作业标准和管理标准。作为现代物流特征突出的物流信息标准，并形成与全国、国际接轨的标准化体系，推动物流业的总体发展。总体看，物流标准主要包括：①物流基础标准，主要包括物流术语标准、物流标识标准、物流计量标准、物流模数标准和物流中心分类标准等。②物流技术标准，主要包括物流设施设备标准、物流用品用具标准、物流技术方法标准等。③物流信息标准，主要包括物流信息基础标准、物流信息应用标准、物流信息管理标准、物流信息服务标准和物流信息安全标准（张铎，2011）。④物流管理标准，包括物流安全标准、物流环保标准、物流统计标准、物流绩效评估标准等。⑤物流服务标准，包括物流环节作业标准、物流一体化服务标准、物流从业人员资质等。通过制定物流标准，可以统一国内物流概念，规范物流企业，提高物流效率，使国内物流与国际接轨。物流标准化是物流发展的基础。

1.3　国内外物流产业集群的研究现状

物流产业集群表现为在一个经济密切融合的地理区域内，物流实体相互依赖且分散。这些物流实体通过"竞争—合作—协调"的运行机制组织在一起，统筹规划、相互配合、协调一致，共同完成单独物流实体不能完成或虽能完成但不经济的物流任务，从而实现总体效果优于单独运作效果的一种横向的、一体化的物流系统模式。对这类物流系统模式，国内外都做了相关的研究。

1.3.1　国外物流产业集群研究现状

有关物流产业集群的研究，国外学者主要集中以下三方面。

1. 设施硬件方面

在欧美等西方发达国家，物流产业集群的建设一般以物流中心、物流基地、物流园区为核心，在市郊或外环线地带规划建设物流中心、物流基地、物流园区。物流产业集群的建设注重物流网络的优化，通常将物流节点和交通路网结合。例如，日本的物流园区一般选在以都市外围的高速道路网和铁路网交叉处为中心的辐射半径10千米范围内。目前，日本全国大型物流基地数目超过120个。在荷兰，全国有550个物流中心，并以区域物流中心构筑全国物流服务体系。在德国，规划区域物流基地时往往要求设施布局临近港口，靠近铁路编组站，周边有高速公路，至少有两种以上运输方式连接（韩伯领等，2008）。

2. 物流法规制度方面

发达国家都非常重视物流法规制度建设，并颁布了一系列的物流法规制度。例如，日本先后制定了《流通业务城市街道整备法》《城市流通业务规划法》《综合物流施政大纲》，这些法规制度都强调将城市内部的仓库、场站和物流企业等物流资源向近郊的物流基地集中。20世纪70年代以来，日本先后颁布《运输安全法》《清洁空气法》《清洁水法》《资源保护和恢复法》《综合环境责任赔偿和义务法》《危险品材料运输法》等法令，旨在管控物流业在发展过程中对社会及自然环境的破坏。

3. 物流体系营运方面

西方国家多采用协同组织的模式，充分发挥物流企业的作用。例如，在物流园区的建设和经营上，德国一般采取联邦政府统筹规划，州、市政府扶持建设，组建发展公司，进行企业化管理，入驻企业自主经营的发展模式（中国物流与采购联合会绿色物流园区赴德研修班，2010）。具体来讲，该模式是由州及地方市政府主导前期规划论证及基础设施建设；由当地政府组织企业、协会与开发商等，共同开展需求调研及可行性分析。总体而言，欧美物流体系建设主要是遵循"自下而上"的建设模式，区域物流的发展首先源于企业需求和组织，然后由政府进行宏观指导。例如，德国不来梅物流园区就是由52家物流企业发起、组织，并由企业、协会和政府共同经营的（卢万顶，2015）。而我国物流体系建设是采用"自上而下"的建设模式，由政府倡导物流发展，然后鼓励和引导企业来组织。

1.3.2 国内物流产业集群研究现状

2005年以来，国内学者开始涉足物流产业集群领域的研究，具体研究工作主要如下。

1. 物流产业集群的具体实践

因物流业在我国起步较晚，目前处于发展、摸索和规划阶段，区域物流体系建设基本上是借用西方模式，还未形成自身成熟的特色理论体系，物流体系建设主要是学习西方模式，大力发展物流园区和物流中心。物流信息平台建设发展模式还不成熟，物流企业发展水平也较低，大部分仍是传统单一功能的储运企业，综合型的第三方新型物流企业还非常少。但是，近年来我国物流产业发展迅速，特别是沿海地区已着手建设区域物流产业集群，并取得了一定成效。例如，江苏省划分的宁镇扬、徐连盐淮宿和苏锡常通泰三大物流区域，就是通过考虑物流节点的类型、交通条件等因素，划分各物流节点的辐射半径和服务区域，围绕中心城市进行辐射（薛如琴，2004）。在综合考虑货运枢纽、物流需求、产业聚集区等各种因素影响的基础上，北京市规划建设物流基地、物流中心和配送中心三个层次的物流节点，初步形成了点、线、面相互协调的"三环、五带、多中心"的物流空间布局规划[①]；上海市则在其东北部、东南部、西北部、南部和西部依次建设外高桥物流园区、浦东空港物流园区、西北综合物流园区、洋山深水港同盛物流园区和南方综合物流园区等，形成环形辐射（袁庆达，2006）。类似地，在《贵阳市现代物流业发展规划（2008—2020年）》中，明确提出了"一环、三带、九结点"的物流空间布局结构。

2. 物流产业集群、协同物流体系构建等相关理论

国内部分学者对物流产业集群和物流一体化、协同物流体系的构建理论进行了有益的探讨。例如，马林和沈祖志（2004）从物流资源整合重组与区域物流网络体系空间布局的发展战略出发，对长三角经济一体化与区域物流多物流中心整合进行了初步研究。王成金和韩增林（2005）认为物流设施体系、物流管理体系、信息平台体系是我国区域物流构筑的基本途径。南岚（2009）探讨了港口物流产业集群的特征，构建了港口物流共生系统。李斌和陈长彬（2010）提出了基于区域物流产业集群生命周期的动力机制模型，以及区域物流产业集群生命周期内源动力机制和外源动力机制。陈云萍（2010）认为物流产业集群具有市场导向、资源整合、协作竞争和快速满足等优势，这些优势使更多的企业在特定的区域集聚，并在集聚过程中自然地进行各种形成模式的选择。黄由衡（2013）分别从区域经济发展、专业或特色物流突出和社会物流资源整合三个角度对物流产业集群进行综述，并对与物流产业集群有密切关系的概念进行比较，如"物流产业集聚"、"物流企业集群"、"物流集群"和"物流园区"，认为这四者是物流产业集群形成的基础。姜爱月（2013）在对全球价值链和物流产业集群相关理论进行介绍后，分析了全球价值链对物流产业集群的影响，并针对国内物流产业集群发展存在的问题厘清解决思路，提出对策建议。邓爱民和张春龙（2012）从全球价值链角度出发，分析了全球价值链的垂直分离和水平集聚对我国物流产业集群的影响和在全球价值链中我国物流产业集群所处的地位及其升级模式和路径。

3. 贵州物流产业集群相关研究

贵州物流产业集群方面的研究成果非常少，仅几位学者略有涉及。其中，宋山梅（2009）对区域物流与区域经济增长之间的关系研究表明，贵州物流产业的发展有力地带动了贵州经济的增长。刘玲玲（2010）基于区域物流发展对推动区域经济发展的重要作用，就贵阳市发展现代物流对贵州经济社会发展的影响进行分析。通

---

① 资料来源《北京市"十一五"时期物流业发展规划》。

过对贵州物流业发展有利条件的分析，孟清萍（2010）提出将贵州作为西南物流中心的战略目标定位，根据重大产业园区、交通枢纽、消费需求等对综合物流中心或物流基地的布局进行集中规划，并建立政府部门间的综合协调机制等。

1.3.3　国内外相关研究总结及存在的问题

综上所述，尽管国内外学者就物流产业集群做了大量的研究，但仍存在以下问题。

1. 研究问题比较零散、缺乏系统性

现有研究主要集中于物流产业集群的形成机理、作用效应和动力机制的分析上，对物流产业集群运作和发展机理还缺乏系统研究，需要对相关的基础理论做深入探讨，并将其作为实际决策的依据。

2. 研究视角主要集中在物流园区的运作战略层面

现有研究主要着眼于物流园区的规划、选址、功能设计、布局优化等技术操作层面的问题，而有关物流园区企业与企业之间关系、物流园区效益与效率评价等方面研究尚不多见。

3. 研究对象绝大部分集中在发达地区或较发达地区

现有研究对欠发达地区，如贵州的物流产业集群研究几乎尚未涉及，这使此类地区物流产业的发展壮大缺乏相应理论支持。

鉴于此，本书将在工业强省战略的大背景下，对贵州现代物流产业集群的培育问题展开研究。贵州物流产业集群属于宏观物流与中观物流的范畴，同时涉及企业微观物流的运作，是贵州区域经济一体化的重要组成部分。其体系构建应以贵州为活动范围，以交通区位为轴线，通过分工合作来构筑合理的区域物流系统，对区域范围内的物流活动进行有效集成。因此，本书以贵州物流产业的发展规划为切入点，重点着眼于贵州物流基础设施与产业布局、物流资源的优化整合和物流信息的共享及区域物流协同管理方法体系的构建上。

1.4　本章小结

本章首先阐述了贵州现代物流产业集群建设的背景和意义。其次，对物流产业集群及相关概念进行界定。最后，在对国内外物流产业集群研究现状进行评述的基础上，提出本书将要解决的相关理论问题。

第2章 贵州路网建设、产业结构和物流产业集群的关系

2.1 引言

近年来，快速发展的物流产业在推动国民经济发展方面发挥着越来越重要的作用。实践表明路网建设对沿线的物流企业、物流园区的资源开发、招商引资及产业结构调整具有积极的推动作用。物流产业集群是以现代化物流业为主导的众多相关企业与机构，基于引致需求、资源整合、专业化分工、集体学习等因素的驱动，按照专业化、规模化的原则共享物流基础设施、组织物流活动、为物流服务需求方提供更加优质的综合物流服务，从而获得竞争优势，形成以地理空间聚集为外在表现、以竞争合作关系为本质特征的社会经济网络（李兰冰，2007）。物流交通基础设施的完善能使区域内形成规模经济优势，即区域集群内的物流企业利用地理位置接近的优势，通过规模经济使企业运营成本降至最低，使无法获得内部规模经济的单个企业利用区域物流基础设施，加强与区域外部的合作联系从而获得规模经济的优势。路网的建设使在某一区域内的物流企业间的联系合作加强，并通过分工协作节约各项成本，提高运作效率和经济优势。

物流基础设施是现代物流业运作的平台，区域物流发展必然又会带来新一轮的物流基础设施的建设完善。本章的路网主要着眼于高速公路与高速铁路相互结合的网状运输网络。贵州地处中国内陆，是中国大西南的腹地，是重要的资源大省。由于地理区位优势不明显，特别是交通基础设施建设的滞后，在很大程度上制约和影响了贵州社会经济的发展。路网建设能够改变不利的地理区位条件，加强贵州交通基础设施的建设，有利于完善综合运输网络的布局，促进各种运输方式的衔接和配套，有效整合各类物流资源，推动贵州物流产业的发展，特别是第三方物流的规模化发展。同时，路网建设有利于提高贵州与其周边地区的可达性，拓展经济纵、深辐射能力。这里可达性是指利用一种特定的交通系统从某一给定区位到达活动地点的便利程度，可达性反映了区域与其他有关地区相衔接进行各种交流的机会（史明华，2008）。随着贵州与周边地区经济往来更加便捷，泛珠江三角经济地带、南贵昆经济区和东部经济发达地区等经济区对贵州的经济辐射作用将更加强烈。同时，邻近的云南省、四川省等省份将以更便捷的方式为贵州

省提供更加丰富的资源，为贵州产业发展和转型提供有力的支持。高速路网建设能有效促进沿线工业的发展，高速路网建设使城市间交流更加便捷，加强了地区之间的联系，使区域优势得到加强，改善了投资环境，使招商引资更具有吸引力。鉴于此，有必要厘清贵州路网建设与物流产业集群、贵州产业结构与物流产业集群发展的内在关系，以便更好地推动物流产业集群的发展。

2.2 贵州路网建设与物流产业集群的关系

路网是物流企业运行的保障，是企业间合作的桥梁。物流园区大多布局在市中心边缘或市区边缘，一般由两种或两种以上的交通运输方式相连接。它们的存在主要依托方便快捷、四通八达的高速公路网和高速铁路网。目前贵州已建成或部分建成、投入使用的物流园区数量较少，且分布较散。这些物流园区主要依托贵阳环城高速、贵广高速公路、贵昆铁路、湘黔铁路和黔桂铁路等。例如，根据贵阳市各片区生产制造企业和商贸流通企业的物流需求，贵阳在环城高速公路打造二戈寨铁路转运中心、三桥物流中心、金阳物流园等物流集聚区；依托遵崇高速、渝黔高速铁路，围绕特色食品、能源、原材料、机械电子及特色农产品，打造集运输、仓储、加工、配送于一体的遵义物流枢纽；依托黔桂铁路、贵广高速铁路和公路、贵新高等级公路建设都匀物流中心、龙里药业物流园区、瓮安江界河物流园区；依托南昆铁路、贵昆快速铁路打造兴义物流中心；依托贵阳至长沙高速铁路、湘黔铁路、渝怀铁路打造铜仁物流中心。上述这些物流中心和物流园区的地理位置表明，便捷的交通条件、完善的路网网络对贵州物流产业集群的产生、形成和发展壮大有着非常重要的影响。

2.2.1 贵州路网建设现状

2015年12月31日，贵州省提前三年实现了88个县（市、区、特区）通高速的目标，成为西部地区第一个实现"县县通高速"的省份。全省高速公路通车里程超过5 100千米，高速公路路网密度达到每百平方千米2.9千米，形成15个高速公路出省通道，与相邻省（区、市）形成两个以上高速公路通道（李瑞桥等，2016）。行政村基本通公路，乡镇基本通油路或水泥路。公路通行条件显著改善，干支结合、四通八达的公路网络基本形成。围绕构建高速公路体系，贵州省完善骨架公路网规划：到2025年形成"3横5纵8联"的高速公路网，打造了省内主要城市四小时的交通经济圈。与此同时，根据国家中长期铁路网的规划，贵阳至广州、长沙、昆明客运专线和贵阳至重庆快速铁路、织毕铁路开工建设，支撑贵州省快速铁路系统的这几条骨干铁路在贵州省境内总里程将超过1 250千米。上述铁路建成后，将形成一个以贵阳为中心连接周边各省会中心城市2小时和通往全国主要经济区3

至7小时的快速铁路系统。目前贵州的铁路运输能力在西南地区最为薄弱，这些项目的启动，将真正打破贵州作为西南枢纽的交通运输瓶颈，必将推动贵州省现代物流业的加快发展。另外，贵阳龙洞堡国际机场升级为4E级，二期扩建工程已全面竣工，2014年完成旅客吞吐量1 252.6万人次，增速高于全国民航平均增长水平9.5百分点，在全国干线机场中增速列第三位。目前，贵州已形成"一干九支"机场布局。快速轨道交通、高速公路和航空运输体系的完善，将提高贵州对外运输的通道服务能力，促进贵州与珠江三角洲、北部湾经济区、成渝经济区、长株潭城市群等周边区域经济中心的交流与融合，推进以交通为先导的开放带动战略，促进贵州省经济社会发展。

2.2.2　路网建设对贵州物流产业集群影响分析

路网、产业和物流是相互关联的。公路和铁路，特别高速公路和高速铁路是贵州主要的交通运输方式，路网对沿线产业的发展具有聚集和扩散的作用，能促进物流的快速发展，提高区域的竞争力。因此，在经济全球化、国际和国内产业大举转移的大好背景下，贵州必须要构建一个完善的路网体系，缩小各地在空间上和时间上的距离，促进区域间的联系和合作，充分发挥物流产业在市场中的竞争力。贵州被重庆、四川、云南、广西、湖南5个省（自治区、直辖市）包围，是中国西南连接珠三角、长三角和东盟地区的重要通道。但是，目前这个通道通行能力仍十分薄弱，制约着整个西南区域经济发展。贵州省抓住国家2008年调整的《中长期铁路网规划》和《贵州省高速路网规划》的机遇，提出了"依靠铁路主干线，7小时连通全国和贵州，实现县县通高速"的战略构想，全面建成贵州省高速路网，依托高速路网加快贵州产业经济又好又快的发展。下面将从四个层面就物流设施建设对贵州未来经济发展的影响进行分析。

1. 物流基础设施建设对国民经济具有明显的拉动作用

无论是政府还是企业，在物流交通基础设施建设方面都投入了大量的资金。根据凯恩斯的投资乘数原理，投资会在不同的行业之间产生连锁反应，对一个行业的投资会带动相关行业的收入增长，最终国民收入总量的增长会高于最初那笔投资若干倍。也就是说，物流交通基础设施的投资建设必将拉动国民经济增长，物流线路是一个地方经济发展的动脉和基础，其发展程度影响着相关产业的发展，如建筑材料行业、工程机械行业。公路、铁路建设无疑改变了贵州经济社会封闭发展的格局，大大强化贵州同外界的联系，不仅极大地缩短贵州省与京津冀、长三角、珠三角等发达地区的时空距离，同时也对贵州与周边相邻省份的空间关系产生重大而积极的影响，有助于提升贵州的区位优势，为贵州参与区域竞争与合作赢得有利的地位。物流线路建设对贵州经济社会的影响包括：首先，在物流线路建设过程中，会有很多建筑企业的参与，从而带动建筑业的发展；其次，在物流线路建设完成后，沿线的相关配套设施也会随之完善，便利的交通条件给沿线居民带来很多商机，拉动沿线经济的发展；再次，物流线路建设不仅可以让省外甚至国外的大企业进驻贵州，也可以让贵州的地方特色资源产业走出去；最后，物流线路建设将创造众多的工作岗位，在一定程度上缓解了贵州的就业难题。据统计，每1亿元高速公路的投资可直接产生1 800个就业岗位，如在贵州"高速公路建设2013~2015年三年会战"期间，就拉动GDP增长1万多亿元，创造了455万个就业岗位（李瑞桥等，2016）。类似地，物流节点建设也会带动相关产业的发展，将贵州与全国物流线路连接成网络状，从而进一步确立贵州作为西南地区陆路交通枢纽的地位。

2. 物流基础设施建设促进贵州物流企业发展革新

物流基础设施的建设为现代物流业提供了一个崭新的发展平台，物流设施与物流企业相辅相成、相互促进。由于物流设施建设的推进，物流环境得到改善，一些具有先进技术和管理理念的物流企业将入驻贵州。例如，2009年9月，中航国际物流有限公司以专业的水准、创新的理念、国际的视野，在贵阳市小河高新技术开发区成立了贵州中航国际物流有限公司，成为辐射全国中航工业200多家军工企业技术改造和航空材料的采购平台。物流设施建设在很大程度上也加快了物流企业的对外开放步伐，促使很多大型物流企业进驻贵州，给本土物流企业带来了先进的技术和理念，也带来了挑战和威胁，这就要求贵州物流企业进行资源整合以谋求长远发展，以改变贵州物流业发展混乱、规模小、业务单一、核心竞争力缺乏的窘迫现实。总之，物流设施建设将推动省内外物流企业的交流与融合。

3. 物流基础设施建设将为三次产业注入新的活力

物流基础设施建设将促进产业的集聚和产业结构升级，而产业集聚、产业结构升级将会使大量劳动力从第一产业向第二产业、第三产业转移，从而促进城镇化的发展，最终必然对全省生产力布局乃至经济结构带来深远的影响。物流基础设施的大规模建设将对贵州的三次产业发展注入新的活力。首先，物流设施建设有利于实现产销之间有机对接。例如，规划建设的黔西南粮食专线物流园将粮食生产者、粮食加工商和粮食销售商有机整合一起。其次，物流设施建设的大量资金投入将给工业、建筑业和第三产业带来新的发展机会，物流园区的建设需要大量的建筑工人和建筑材料，大量的建筑材料需求将激活工业产业链，大量的工业活动将创造大量的工作机会，大量的人员就业必将刺激消费增长。例如，员工收入增长会影响他们对餐饮、旅游、保险等服务的消费增加，这些消费将带动第三产业的发展。最后，物流基础设施建设将创造众多与物流直接相关的工作机会。例如，规划面积达2 200亩（1亩≈666.67平方米）的贵州快递物流园已签约入驻申通快递、中通快递、圆通快递、乡飞快递、天天快递、邮政EMS、星程宅配等众多快递企业，创造了很多的就业岗位。根据测算，当园区一期项目于2016年11月全面建成投产后，预计日吞吐快件量达200万件，年产值达15亿元，年创税达1.2亿元，解决8 000余人就业问题，带动第三产业20 000余人就业。

2.3　贵州产业结构与物流产业集群的关系

物流产业集群的发展离不开工业和商业的发展，物流产业集群依赖于工业和商业。首先，工业可以为物流产业集群提供必不可少的工具，如交通运输工具、包装设备、装卸工具、仓储设备、流通加工设备、通信设备及电脑设备等；商业发展可以加快货物的流通，提升物流产业集群的盈利空间。例如，在建的清镇物流园区涉及贵州济辉汽车城、东太农副产品国际物流城、清镇市物流园区工程机械市场、贵州红枫顺达汽车城等项目，并且后续还有很多企业入驻；已建成的扎佐物流园区，其发展依托已入驻贵钢、贵州百灵、贵州飞华等企业的修文工业园区。作为以服务为主的物流行业，货流量是衡量企业发展好坏的标准，工业和商业成为物流产业集群的最大依托（陈云萍，2010）。

2.3.1　贵州产业结构现状及调整趋势分析

1. 贵州产业结构现状分析

由于历史、地理等方面的原因，贵州经济发展长期滞后，产业结构虽经过几次调整，但总体层次较低。新中国成立初期，贵州通过航空、航天、机械电子、冶金、电力、化工等重工业，初步实现了工业化。但优先发展重工业，也导致贵州省工业不均衡、产业结构失衡，给当前经济发展带来了极大的负面影响。随着改革开放的深入，贵州经济发展逐步步入了正轨，产业结构不断优化，市场机制对经济资源配置和对经济活动的作用不断加强，加快了产业结构调整优化的速度。但总体看，贵州产业结构仍处于较低的水平，面临很多矛盾和问题。

（1）"二元经济结构"并存。贵州省"二元经济结构"突出，即既存在现代化的经济主力军——现代化的大中型企业群，又存在落后脆弱的地方工业、乡镇企业和几乎是以手工劳动为基础的农业。该经济结构不仅技术落差大，生产规模上的反差对比也十分强烈，彼此难以相互渗透、相互融合，不利于形成相互促进的区域经济体系。

（2）产业结构不合理。首先，三次产业发展水平低，比例不合理，具体表现为农业基础薄弱、工业发展水平不高、第三产业发展滞后。例如，2014年，贵州三次产业占比分别为13.8%、41.6%、44.6%①。其次，产业内部产业结构、技术结构及就业结构不协调。

（3）地方工业结构单一。长期以来，贵州省地方工业以能源、原材料工业为主。能源工业主要是电力工业和煤炭工业。原材料工业主要是以铝、磷、汞、锑、锰、铅锌等为主的矿产资源开发及其初加工工业。机械电子工业有一定基础，但由于种种原因难以形成气候。而以本地的矿产、生物及农副产品等优势资源为对象的精深加工工业所占比重小，发展速度慢。

（4）生产规模小，经营分散，支柱产业弱而不稳。贵州财政收入主要来自"两烟一酒"。2011年贵州省统计局数据显示，贵州财政收入的45%左右来自烟酒，每年财政收入增量的60%左右也来自烟酒，形成了"烟酒财政"。但是，这两大财政支柱近年来却不稳固，特别是烟，受国家计划控制影响，波动性随时存在。这种"弱农业、小工业、劣财政"的经济状况不利于贵州省的自我积累和自我发展。

（5）生产结构、资源结构和消费结构不合理。贵州作为东部的主要原料支持系统存在，主要生产能源、原材料，资源开发型产业已经发展到一定规模，而资源加工型产业未能得到相应发展，这种生产结构、资源结构和消费结构之间的特殊矛盾严重制约了贵州省社会经济的发展。

2. 贵州产业结构调整趋势分析

贵州是一个资金相对匮乏的贫困省份，在教育、文化、技术环境等方面都处于劣势，因此不能盲目效仿发达地区发展资金密集型产业、技术密集型产业。贵州的优势产业是能源产业、矿产加工业、卷烟业、酿酒业、旅游业等。贵州应以优势产业为支柱产业，有选择地发展一些资金密集型产业和技术密集型产业，逐步推动产业升级。

（1）发挥资源优势，发展优势产业。为了调整和优化产业结构，贵州应在国家区域产业政策指导下，突破计划经济体制形成的分工格局，以市场为导向，选择适合本地区条件的发展重点，以发展资源产品精深加工为重点，开发优势资源，发展优势产业，壮大特色经济。首先，贵州应充分依托丰富的农牧林业资源特别是开发潜力大的生物资源优势，大力发展农副产品的精深加工，推进农业的产业化进程，形成生产、加工、销售有机结合和相互促进的机制，推进农业向商品化、专业化、现代化转变，进一步巩固农业的国民经济基础地位。其次，贵州应充分利用能源矿产资源品种多、储量大、地域分布集中、开发配套条件好的优势，加快发展原材料加工工业，争取建成一批磷化工、煤化工、有色金属加工等大中型

---

① 资料来源：《2014年贵州省国民经济和社会发展统计公报》。

项目，改变单纯输出原料发展经济的状况，减少资源性产品输出的利益流失，增强自我积累和自我发展的能力。同时，贵州应高度重视对传统产业的技术改造，着力提高企业的技术装备水平和技术创新能力，使一些具备条件的原材料生产企业逐步向下游产品发展，延长产业链，提高产业关联度。另外，贵州应发展新兴产业和高技术产业，加强新技术、新产品的开发，增强企业的研究开发能力，使其率先成为高新技术产业化的主体。通过改造和提高传统工业，发展新兴产业和高技术产业，逐步形成既能生产最终产品，又具备配套能力，还能提供装备的、相互关联而又跨行业、跨地区的产业群体。

（2）确立支柱产业，加大培植力度。贵州的支柱产业应满足以下条件：符合贵州资源特点；已具备一定的发展基础和市场竞争力；发展前景广阔、产业带动面和带动作用大。为此，本书认为贵州支柱产业应包括以"烟酒"为主的轻工业、以铝和铝加工为主的加工业、以磷和磷化工为主的磷化工业、以煤炭和水能为主的能源工业、以旅游为主的第三产业。支柱产业一旦确定，政府便应加大扶持力度，从资金、项目、人才、优惠政策等方面加以倾斜，使之加快发展，不断壮大，并根据市场需求的变化及时调整。

2.3.2 物流产业集群对贵州产业结构优化升级的推动作用

随着全球化和区域经济一体化进程的加快，现代物流业已成为与贵州区域经济有紧密关联、相互依存的产业。现代物流已成为经济发展的驱动产业和加速发展的润滑剂，许多产业的发展日益需要现代物流的支持。加快现代物流业的发展有助于加速物流产业集群的形成，加快市场要素的流动，促进产业结构高级化、产业空间布局合理化和产业发展的升级。相关产业的出色表现，自然也会带动上下游产业的创新，物流产业集群的能动作用有利于促进当地经济的发展。贵州发展物流产业集群能促进各物流企业之间相互合作竞争，促进各企业资源共享和优势互补，从而降低商品流通成本。同时，物流产业集群发展有利于贵州以较低成本引进缺乏的物品，并将贵州优势资源和特色产品推广到更多的地区。物流产业集群发展还能促进就业，促进贵州农业的发展，改变贵州"二元经济结构"，发展贵州的"两烟—酒"产业和资源性产业，培养支柱产业，促进贵州产业结构优化升级。物流产业集群对贵州产业结构优化升级的影响主要表现如下。

1. 物流产业集群的形成能够提高贵州的市场竞争力

物流辐射区域中现代物流的扩散效应和回流效应促使企业外部规模经济形成区域产业集群，加速区域劳动市场扩大、技术外溢、行业创新，提高区域产业竞争力。例如，物流产业集群的发展能够合理分配旅游物资，将景区所有酒店所需物资集中存储、及时配送，在保障供给的前提下降低酒店存储和运输成本，物流运输公司也能及时根据景区的交通状况和消费者的具体要求，优化设计旅游景区的配载路线，不会造成旅游旺季景区的交通阻塞和淡季旅游车辆的闲置；运用现代物流技术建立物流配送中心，将有效促进旅游产品的流通，还可以通过与各地建立共享的信息网络系统，及时掌握客户需求资料，了解客户需求信息的变化，更好地为旅客服务；同时，运用现代物流技术和设备对旅游景区的废弃物进行管理与处置，可以减少污染，维持景区良好的生态环境，进而提升贵州在旅游市场的竞争能力。

2. 物流产业集群的形成有助于贵州形成区域产业优势

由于物流对需求和资源的依附性，物流产业集群的形成将助推贵州各地相关产业集群的形成，如遵义仁怀的酒业产业集群，六盘水的煤炭采掘、煤加工产业集群。各企业之间通过相互合作和竞争，共享资源，相互学习，从而提升了其市场竞争力。

3. 物流产业集群的形成有利于招商引资

贵州东临湖南长株潭，北连四川、重庆，西连云南，南接北部湾经济区，在贵州建立物流园区能最大限度地降低物流成本，良好的物流环境能使贵州有更多的机会吸引优秀的企业和更多优质的资金。如果没有好的物流综合服务，即使能够引进优秀的企业，也会因为没有足够的产业土壤而影响它们的带动和扩散作用。

2.4 本章小结

本章分别对贵州路网建设与物流产业集群的关系、贵州产业结构与物流产业集群的关系进行研究，得到以下主要结论。

（1）本书通过对贵州路网建设与物流产业集群的现状分析发现：高速公路和高速铁路是贵州重要的交通运输方式，推动贵州物流产业集群的发展必须依靠便捷的交通，所以应加强贵州路网的建设。

（2）本书通过对贵州产业结构与物流产业集群的现状分析发现：贵州产业结构处于较低的层次，贵州必须对产业结构进行调整，发挥资源优势，加大支柱产业的培植力度，同时依托物流产业集群对贵州产业结构进行优化升级，以此来提高贵州市场竞争力，形成区域产业优势，提升招商引资的吸引力。

第3章 贵州物流产业集群建设现状及其培育的条件

3.1 引言

在贵州建立起真正的物流产业集群，离不开物流园区的发展。近年来，贵州加大了物流园区的建设，具体包括在建的扎佐物流园、清镇物流园、改貌现代物流园、金华物流园、息烽物流基地、龙洞堡临空物流园、贵阳综合保税区现代物流园和开阳物流基地等。同时，一批重点物流项目快速推进，穗黔物流投资建设的西南物流中心已全面建成并投入运营；扎佐物流园的兴达矿产品交易中心进入场地平整及铁路专用线建设阶段；改貌现代物流园的改貌铁路转运中心和立体仓库已投入运营，"无水港"即将正式启动土地挂牌工作；贵州马上到国际云服务项目平场工作全面推进，西部化工（仓储）物流配送中心项目已完工并投入试运营。总体看，随着国家政策的倾斜及政府相关部门的重视，交通、信息技术等基础设施逐步完善，贵州已初步构建了现代物流业发展的基础平台，相关部门积极规划建设物流园区，将使物流企业与相关设施集群化。为了更清晰地把握贵州物流产业集群的发展现状，我们对遵义市和贵阳市物流园区和物流企业进行了调查，以进一步明确贵州物流产业集群发展的条件。

3.2 贵州物流产业集群建设现状

3.2.1 贵州物流产业集群的基本情况

1. 物流产业集群分布地域

至2015年7月，贵州省内以"物流园区""物流商贸城""物流中心"命名的物流集散地共有88户，具体参见附录全省物流园区基本情况。物流集散地范围覆盖贵州省各市州，其中，位于贵阳的有13家、安顺的有6家、黔东南的有5家、黔南的有4家、黔西南的有14家、铜仁的有10家、遵义的有14家、毕节的有8家、六盘水的有14家，如图3-1所示。

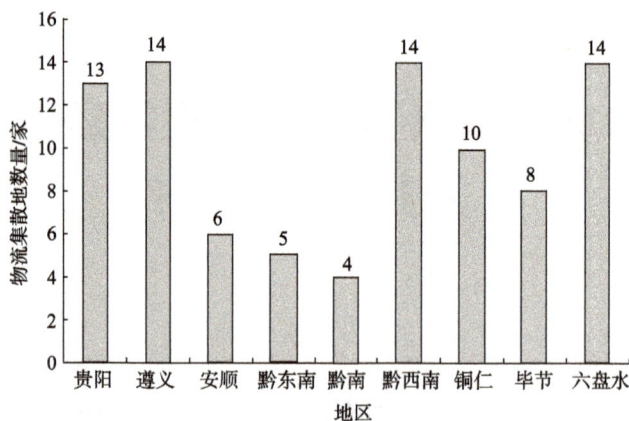

图 3-1　贵州省各市州物流集散地分布情况

2. 物流产业集群占地面积

贵阳、安顺、黔东南、黔西南、黔南、铜仁、遵义、毕节、六盘水已规划、在建和已建的物流集散地占地面积分别为27 800亩、25 390亩、26 545亩、23 723.4亩、1 936亩、36 277.5亩、36 980亩、30 948亩、24 565亩；除黔南所占比重较小外，其他市州集散地占地面积均在万亩以上，如图3-2所示。

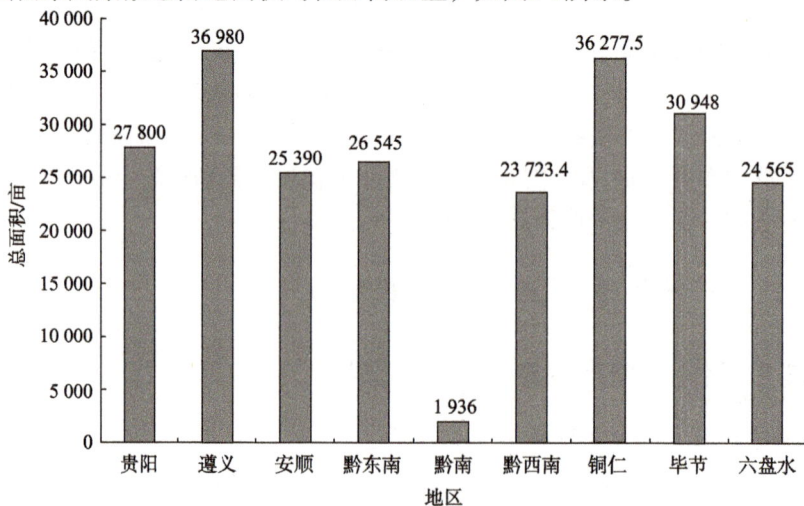

图 3-2　贵州省各市州物流集散地总面积

3. 物流产业集群投资情况

总体看，贵州省各物流集散地的投资情况差异较大，这主要与当地的基础设施建设和物流集散地定位有关，就投资总额来看，贵阳、黔西南、遵义投资规模较大，投资总额分别为352.83亿元、353.19亿元、200.76亿元；安顺、铜仁、黔东南投资规模居中等水平，分别为84亿元、148.76亿元、108.77亿元；黔南、毕节、六盘水投资总额相对较小，分别为51.96亿元、36.31亿元、46.62亿元，如图3-3所示。

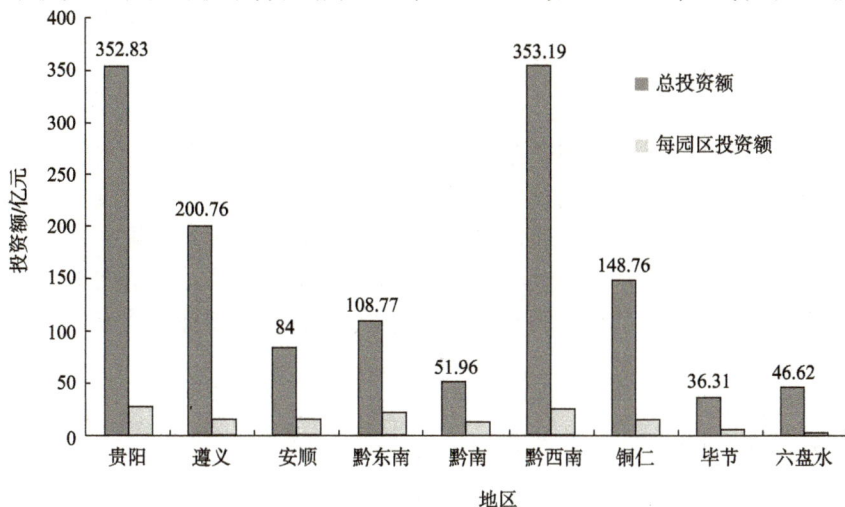

图 3-3　贵州省各市州物流集散地投资情况

贵阳、安顺、黔东南、黔西南、黔南、铜仁、遵义、毕节、六盘水分别覆盖了13、6、5、14、4、10、14、8、14家物流集散地，不考虑其他因素影响，各市州每个园区的平均投资强度依次为27.14亿/集散地（0.012 7亿/亩）、14亿/集散地（0.003 3亿/亩）、21.75亿/集散地（0.004 1亿/亩）、25.23亿/集散地（0.014 9亿/亩）、12.99亿/集散地（0.026 8亿/亩）、14.88亿/集散地（0.004 1亿/亩）、14.34亿/集散地（0.005 4亿/亩）、4.54亿/集散地（0.001 2亿/亩）、3.33亿/集散地（0.001 9亿/亩）。

4. 物流产业集群选址倾向性

1）"园区"背景下的大物流格局

从目前贵州省物流集散地分布情况看，服务于园区的物流集散地占据主导地位。在所调查的88家物流集散地中，80%以上的集散地分布在工业园区、商贸园区内或园区周围，各市州物流集散地借助园区"区位优越、交通便捷、资源丰富、潜力巨大"的四大优势，进行投资招商，物流集散地作为园区发展的附属产物而存在，从而实现物流集散地和园区的共赢发展。但是，这在某种程度上也加剧了城市物流与农村物流的分离，城市物流呈现快速发展态势，农村物流发展相对滞后，城乡物流发展呈现不平衡的发展状态，从而影响了城乡物流、城乡经济社会的共同发展。

2）"两高"背景下的大物流格局

"两高"，即高速铁路和高速公路建设，这些工程加深了贵州与珠三角地区、长三角地区的紧密联系，贵州从此呈现多方位的发展格局，即贵州之东——湖南长株潭一体化；贵州之西——云南及中国—东盟自由贸易区；贵州之北——成渝经济区；贵州之南——广西北部湾经济开发区。目前贵州省各市州物流集散地的规划建设正着眼于这些区域的发展。

5. 物流产业集群运营模式

贵州省物流集散地主要集中在公路、铁路、机场和港口附近。大部分集散地以综合物流为主要定位，如安顺、贵阳、黔东南、黔南、黔西南；位于园区内的集散地则侧重于服务于工业或商贸园区，从事园区内的具体物流细分服务，如商贸物流、工业物流、农产品物流、冷链物流等；还有的集散地则依据集散地运输方式的便捷性，提供港口物流服务，如六盘水、黔西南。目前，物流集散地的主要运营模式如下。

1）公铁联运模式

首先货物采用铁路运输，然后通过公路运输将货物运至集散地，经过仓储、流通加工、装卸和搬运等作业后，最后通过公路运输运至物资消费地。该模式主要适用于距离消费地空间距离远且必须通过铁路运输到达物资集散地的情形，由公铁联运将物资集散地与消费地连接起来。这种公铁联运模式在贵州境内较为普遍。

2）公路直运模式

在省际运输或者跨区域运输中均采用公路直达运输，即在到达目的地以前，货物不装卸、不转运，而直接将货物运到目的地。其主要特点表现为，整车运输和零担运输相结合，中途基本不停顿，从供应商处将货物通过公路运输直接运到消费地，灵活性强，运输速度快，是一种门对门的配送模式。由于中转费用低，物品损耗少，因此该模式运输成本比较低。

3）公路—集散地—公路模式

这种模式前期利用公路运输将物资运到物资集散地（如物流配送中心），再通过公路运输将物资转运到目的地。相比于公铁联运模式，这种模式适合承担短距离、运量不大的货运任务；相比于公路直运模式，这种模式物资的运输根据供求双方的需要，经过集散地做短暂停留。

4）水陆联运模式

水陆联运是指采用船舶的水路运输和采用火车或汽车的陆路运输相衔接的一种运输形式，它是联合运输的方式之一。综合公路、铁路各站和沿海、内河各港联合完成货物运输。贵州省依托乌江、清水江、南北盘江—红水河、赤水河沿岸港口，加快大宗物资水陆联运发展，启动集装箱铁水联运网建设。

5）空陆联运模式

空陆联运模式包括两种方式，一种是铁路—航空—公路的联运；另一种是公路—航空的联运。通过运用这两种联合运输的方式，可以真正地实现"门到门"运输，从而能够更好地适应现代物流对及时性和准确性的要求。目前，贵州省积极规划建设临空经济区，依托贵阳机场航空货站，整合贵阳各类物流服务资源，逐步形成以航空物流服务为主业，辐射铁路、公路物流服务的货物仓储中心、集运中心、分拨中心、陆空联运中心等航空物流产业集群，成为西南地区重要的空运枢纽和贵阳本地的大型综合物流集散中心。

3.2.2　贵州物流产业集群的基本特征

为了提高贵州现代物流业发展的质量、能力、效率和现代化水平，打造具有区域竞争力的现代物流服务体系，提升贵州在区域发展中的核心竞争力，推动贵州现代物流业有序、快速、健康发展，必须发展壮大物流产业集群。目前，贵州省内规划建设的物流园区依托交通区位优势，按照城市空间合理布局的要求，集中建设物流设施，由统一主体运营管理，为众多物流相关企业提供设施场所及公共服务，具备物流服务功能及其配套服务功能，实现物流设施的集约化和物流功能的集成化运作，是具有基础性与公共性的物流集中区域。

区域经济的发展离不开物流园区的建设，作为西北、西南连接珠三角、粤港澳地区和西南通往华东地区的重要交通枢纽，贵州需要通过建设一批服务功能完善的物流园区，培育具有强大竞争力的物流产业群，将交通优势转为物流优势，发挥整体优势和规模效益，促使区域物流业向规模化、集约化、专业化方向发展。美国麻省理工学院运输与物流研究中心主任Y. Sheffi对鹿特丹、孟菲斯、萨拉戈萨、新加坡、巴拿马等世界级物流中心的调查表明，物流产业集群除了具有一般集群的优势外还具有两个独特的优势：一是运输优势，主要体现在运输的规模经济、范围经济、密度经济和频率经济上；二是资源共享优势，主要表现为成员共享资产、提高资产利用率、共享劳动力。同时，他还认为物流产业集群为当地经济创造了大量新的岗位，促进了创新，带动了其他产业发展（柯书敏和海峰，2014）。除了上述特征外，贵州物流产业集群还具有以下特征。

1. 政府在物流产业集群规划建设中占据主导地位

贵州物流发展滞后，物流市场不规范，客观上需要政府相关部门加以引导和扶持，因此贵州物流园区主要是在政府指导下建立的。政府主导的物流园是以政府导向为中心，以政策支持为动力并多以物流园区为依托，进行特定区域划定，通过招商引资，集中投入建设的一种自上而下的物流集群模式。例如，2009年贵州省人民政府印发了《贵州省贯彻落实〈物流业调整和振兴规划〉工作方案》，将贵阳阳关红华商贸物流园区、贵州物流新城（二戈寨）、遵义市南部物流园区、六盘水钟山商贸物流园区、毕节地区粮食产业物流园、兴义市粮食产业物流园等项目列为物流工程重点项目。而就贵阳来说，自2008年出台了《贵阳市现代物流业发展规划（2008—2020年）》后，贵阳市政将按照文件中的明确规划，在贵阳建设九大物流结点，培育出一批现代物流企业，将贵阳发展成西南地区重要的陆路物流枢纽城市。其中要建设的九大物流结点主要包括二戈寨物流园区、金阳物流园区、扎佐物流园区、三桥物流园区、竹林物流中心、清镇物流中心、开阳物流中心、息烽物流中心、白云物流中心。显然，在贵州物流园区规划建设过程中各市州政府应当担当起引导、协调、规范、扶持的重任。

2. 物流产业集群多数处于规划阶段

从贵州省物流园区汇总情况看，贵州省在各市州建设的88个物流园区中，在建、规划的物流园区数量占有超过一半的比例，而建成的物流园区比例仅占21%，物流园区建设执行力偏低，如图3-4所示。已建成的物流园区包括贵阳花溪石板物流园区、贵阳市修文县扎佐镇的扎佐物流园区。其余的物流园区，如桔山商贸物流园、西南国际商贸城、清镇物流园都处于在建状态。一个物流园区从规划到建成再到运营的执行期过于漫长。

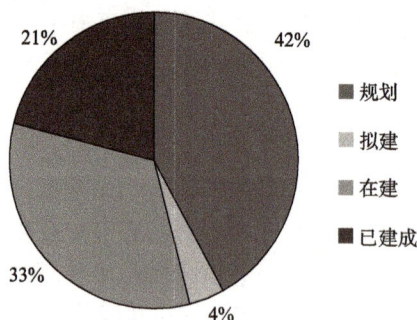

图 3-4　贵州省物流园区建设的构成情况

3. 物流产业集群发展迅速、类型多且规模大

目前，贵州各市州政府都在积极进行物流园区的规划建设工作。根据各地不同的区位条件，贵州各地在规划物流园区时将其自身区位条件优势作为确定物流园区类型的根据，因此贵州省逐渐出现了各种类型多样的物流园区，如扎佐物流园区被规划为区域生产资料集散的物流结点，位于贵阳市金阳新区的西南国际商贸城和黔西南州兴义市的桔山商贸物流园被定位为商贸服务类型，而清镇物流园则被规划为区域综合型的物流结点。另外，物流园区的规模大，如桔山商贸物流园是黔西南州"三大园区"之一，规划占地112.58公顷；黄桶幺铺物流园为贵州乃至西南地区重要的铁路枢纽和全国通往东南亚国际通道的重要节点，规划占地

1 486公顷。

4. 物流产业集群效应初步显现

建设物流园区的目的在于促进区域经济社会的发展、完善物流系统的功能和作用、提高物流运作效率，形成产生新的经济增长点，为贵州经济发展提供强有力的支持。目前，贵州第三方物流需求规模不断增加，对物流服务的要求也不断提高，不仅需要物流企业提供运输、仓储等基本服务，还要求其提供物流金融、配货等增值物流服务。考虑到贵州省第三方物流业务服务较单一，成本较高而且效率较低，单一功能的第三方物流服务提供商已经无法满足客户需求，因此将各种不同功能的第三方物流集聚到一定的区域空间有利于整合物流资源。总体看，通过建设物流园区，低成本高效率的物流运作正在变为现实。例如，二戈寨物流园区内包括贵州商业储运有限公司、中铁快运贵阳分公司等60多家物流企业，遵义兆强物流市场入驻物流企业为70多家，贵州物流产业集群的雏形正在显现。

5. 物流产业集群提供基本服务偏多、增值服务较少

从物流园区提供的主要服务看，排在前三位依次是装卸，所占比例为100%；配送，所占比例为80%；运输和门面出租，所占比例为60%。其他服务还包括信息服务、仓单质押和停车等。从业务收入看，有80%的企业将门面租金排在业务收入的第1位，排在第2位的是装卸业务，其他业务包括停车、配送、仓储、住宿和汽车修理等。显然，物流园区提供服务主要集中基础服务方面，而相关的增值业务较少。

6. 物流产业集群管理方管理能力存在明显不足

当前物流园区管理存在问题集中表现为：园区管理方对市场管理不熟悉、市场管理不专业、园区卫生条件差、垃圾场等设施不齐备、污水处理不力、合同的承诺没有兑现（如预付租金的期限原来是半年付，后要求年付）、水电供应没保障、饮用水质不好、园区服务收费不透明、园区入园路况条件不好、园区管理者追求短期效益、存在安全隐患、市场管理不规范、车辆乱停乱放、园区没有严格规定、乱收费、无发票等。因此，园区要想吸引物流企业入驻，除了水电气、通信、安保、场地等基础设施建设完善外，还应强化规范管理、专业化管理，强化园区管理方的服务意识，充分发挥园区的聚集效应，提供统一装卸、融资、交易、信息服务等高附加值的增值服务。

3.3　贵州培育物流产业集群的条件

本节从物流产业集群发展需具备的条件出发，针对贵州物流产业集群的发展现状，剖析贵州发展物流产业集群应具备的条件及尚不具备的条件。

3.3.1 发展物流产业集群应具备的条件

物流产业属于第三产业，因此其发展必须建立在第一、第二产业发展的基础上，为加速物流产业集群的形成，需具备以下的条件。

1. 日益增加的物流服务需求

第一产业发展所需要的农用物资及产出的农副产品、第二产业各种产品的生产与销售所需的工业原料及其生产的工业品、国内贸易和国际贸易生产及服务业的迅速发展等都离不开物流产业的支持。物流产业集群的出现必须以大规模的物流服务需求为前提，某地区的商品需求规模、货物周转速度、工商企业物流需求和业务外包等将决定集群的形成及其规模。因此，物流园区建设要与当地的经济发展水平相适应。园区的物流企业与工商企业源于共同利益，相互依赖、相互交流、相互信任，具有根植性条件，有利于节约交易费用，降低物流成本。因此，物流园区需要融入其他产业，依靠其他产业的物流需求获得发展，为工商企业提供高质量的物流服务，帮助其实现规模经济、范围经济。

2. 政府在物流产业政策制定中发挥积极作用

政府部门是政策的制定者和执行者，在发展物流产业政策的制定中扮演着重要角色。因此，需要政府主管部门引导多领域、多部门，从整个物流行业的角度出发，抛开部门利益的局限，相互协调、相互配合；需要政府制定出有利于整个地区经济一体化发展的政策和措施。例如，采用法律法规手段，建立物流行业准入制度，通过立法形式来实施物流产业发展和规划；通过财政补贴，税收优惠等经济手段促进物流产业集群发展。

3. 第三方物流企业应具备一定的规模

第三方物流企业是指为需求方提供全部或部分物流服务的外部供应商。作为供应商的第三方物流企业提供的物流服务一般包括运输、仓储管理、配送等。在此过程中第三方物流服务提供商既非生产方，又非销售方，而是在从生产到销售的整个物流过程中进行服务的第三方，它一般不拥有商品，而只是为客户提供仓储、配送等物流服务（毛禹忠，2009）。第三方物流企业具有以下优势：首先，具有针对不同物流市场积累的相关的专业知识，具体包括运输、仓储和其他增值服务，有专业水准的物流网络和信息网络；其次，具有较强大的购买力和货物配载能力；再次，帮助企业优化资源配置，将其有限的人力、财务集中于核心业务，发展其核心竞争力，为企业节省成本，提升企业形象；最后，拥有强大的信息外包能力，许多第三方物流公司与独立的软件供应商结盟或者开发了内部的信息系统，这使得它们能够最大限度地利用运输和分销网络，有效地进行货物追踪，进行电子交易,生成提高供应链管理效率所必需的报表和进行其他相关的增值服务。

4. 足够的地域空间和良好的发展条件

各地的自然条件不尽相同。有些地区位于交通枢纽的位置，道路交通设施比较发达，拥有良好的交通运输条件和充足的土地供应。这些地区可以充分利用区位优势，将物流业的发展置于显著地位。而有些地区地处偏僻，既没有发展物流的自然条件，又没有原材料和能源优势，地区经济水平较低，物流需求也就处在较低水平。相应地，发展物流业的意愿不强，更不用说发展物流产业集群。发展物流产业需要大量的土地资源、良好的交通条件和用地条件，并有较旺盛的物流服务需求。

5. 有充裕的物流专业人才供应

现代物流被称为企业发展的"第三利润源泉"，物流业是融合运输业、仓储业、货代业和信息业等的交叉型服务产业，是国民经济的基础产业。物流产业的快速发展必然带来对物流专业人才的极大需求。随着物流产业的发展和集聚、物流技术的进步、经营哲学的转变及客户需求的多样性，必然引发物流人才需求的持续增加。发展物流产业集群需要大量的物流管理及物流工程方面的专业人才，物流管理方面的人才有助于物流企业在经营管理方面的创新，而物流工程方面的人才则有助于推进物流装备机械化及物流园区规划等工作。

6. 其他相关产业的发展

物流产业集群是在特定区域中，一群以物流产业为主导，以交通运输枢纽设施、科研开发组织、管理部门为依托，与服务制造业、流通业等联系密切的企业为重要组成部分，相互依存、相互竞争又相互促进，从而产生经济效应的现象。物流产业的发展需要其他行业的发展作为支撑，只有其他行业发展了，物流产业才有"物"可"流"。当然，物流企业本身则需要汽车产业、通信产业、装备制造业等行业为其提供机械化的装备，这样才能大大节约成本、提高物流效率。

3.3.2 贵州发展物流产业集群已具备的条件

贵州社会经济的发展，已为物流产业集群的形成奠定了较为坚实的基础，具体如下。

1. 经济的快速发展推动社会物流服务需求明显增加

1）经济快速发展需要物流为其提供支持

2009年，贵州出台十大产业振兴计划，初衷并不单纯是应对金融危机"保增长"的权宜之计，而是希望长短兼顾、标本兼治。2010年开始，随着贵州工业强省战略的实施和推进，十大产业已上升到一个更新的层面，成为贵州实现"赶"和"转"的重要载体。2011年，贵州工业增速明显加快，工业对全省经济增长的贡献率达到45.5%，比2010年提高了6百分点。作为贵州经济的发展"前锋"，十大产业依然是贵州工业"保增促稳"的主要推手,拉动效果明显。2011年,全省工业增长主"发力点"是十大产业中的煤炭、烟、酒、建材、化工等。据统计,5大产业合计贡献率达到69%,拉动贵州工业增长14.5百分点。从所占比重上看,排前5位的行业仍是十大产业中的煤炭、电力、烟、酒、化工,其实现增加值占全省规模工业增加值的比重分别达到25.1%、14.3%、14.1%、10.7%、7.6%。十大产业多是贵州的支柱产业和特色产业,不仅充分考虑了贵州的产业基础、资源情况及市场条件,还充分考虑了贵州轻、重工业比重的经济结构。"十大产业"是贵州工业的"命脉",事关贵州经济加快发展大计。随着工业强省战略的实施,"十二五"期间,贵州省对十大产业的总投资将达到1万亿元,力争保持年均25%以上的增长速度。贵州对其经济发展方面的规划,必然会导致物流量呈几何级数增加,这样对物流服务需求就不只是简单的运输和仓储。工商企业会越来越专注于其核心竞争力的提升,并将非核心业务物流等进行外包,这将给贵州物流企业带来巨大的发展机会。物流企业作为物流产业集群的细胞,这种发展趋势必将对物流产业集群发展起到实质性的推动作用。

2)贵州丰富的资源需要物流为其服务

贵州矿产资源在全国占优势地位的有铝、磷、煤、锰、重晶石、黄金、铅、锌、锑等众多品种,全省煤炭资源远景储量达到2 410亿吨,保有储量为530.97亿吨,居全国第五位;贵州铝土矿集中分布在黔中、黔北两大片区,现已探明储量为4.13亿吨,保有储量为3.95亿吨,占全国的五分之一,居第二位;磷矿贵州是中国磷矿最多的省,占全国总量的43%,探明储量为26.87亿吨,保有储量为25.61亿吨,占全国的16.8%,居第二位,贵州的开阳磷矿、瓮福磷矿都是国内外知名的特大富矿区,其中开阳磷矿的富矿总量,占全国的四分之一;锰矿探明储量为9 054万吨,保有储量为7 181万吨,居全国三位,占全国总量的15%。全省有16个县市发现有锰矿资源,其中以遵义市最为集中,储量占省的二分之一。贵州以轻工业为主,主要是"两烟一酒",重工业以开采业为主。由于地区之间自然条件的不同、经济发展的不平衡,一方面,东部沿海发达地区生产企业的日用品会大量流入贵州;另一方面,东部地区生产生活所需的原材料和能源(铝材、钢材、天然气等)也将从贵州大量运出,而这些都需要强大的物流来保证。

3)西部大开发的推动

西部大开发将促使贵州地区物流量不断增加,第三方物流需求的地域分布不断扩大。随着西部大开发战略的实施,国家将大量的资金投入到贵州基础设施建设中,贵州基础设施对经济制约的瓶颈将得到极大缓解;国家对贵州地区企业给予相关优惠政策,加上贵州本身的资源优势,将吸引大量东部资金和外资流向贵州,东部沿海发达地区及部分跨国公司将在贵州建立生产基地。贵州拥有丰富的农作物资源和农畜土特产,西部大开发使其将资源优势转化为经济优势,这些都将促使贵州经济的快速增长，物流量的增加，货物流动更加频繁，进而带动第三方物流服务需求的增加。

2. 贵州交通基础设施建设快速推进，产业聚集区的加速形成

为贯彻国家十大产业振兴规划，促进贵州经济的快速发展，贵州省各级政府大力投资基础设施建设，特别是加大了物流园区和交通基础设施建设方面的投资，为贵州经济及贵州物流产业集群发展营造一个良好的环境。

1）贵州交通基础设施建设加快推进

"十二五"期间，贵州全省累计完成公路、水路固定资产投资4 431亿元，超规划目标1 681亿元，是"十一五"投资总额的3.5倍。五年累计开工建设高速公路、普通国省干线公路、水运建设项目200余个，全省公路总里程增加3.22万千米。建成高速公路3 621千米，是2010年前建成总里程的2.4倍，88个县（市、区、特区）全部通高速公路，形成15个高速公路出省大通道，成为西部第1个、全国第9个县县通高速公路的省份。普通国省干线公路覆盖全省建制镇、乡比例分别达到90%、70%，建制村通沥青（水泥）路由30%提高到75%。建成四级航道690千米，改写了贵州省无高等级航道的历史，乌江实现基本通航（贵州省交通运输厅，2016）。同样地，在2011~2014年，贵州省累计完成铁路投资1 120亿元，是"十一五"的4.5倍，年均增长31%。交通条件的改善为物流产业集群的形成奠定了坚实的物质基础。

2）贵州正在大力推进物流园区建设

物流园区是物流产业集群的重要载体。根据《省人民政府办公厅关于加快发展现代物流业的若干意见》（黔府办发〔2015〕3号），贵州将加快形成外连全国主要经济区域、内接省内重要节点、便捷通达的物流通道网络体系，加快建成一批布局较为合理、功能较为完善、辐射带动作用较强的省级物流园区。计划到2017年，建成总产值为100亿元以上的物流园区有3~5个，50亿元至100亿元的物流园区有8~10个。到2020年，建成总产值为200亿元以上物流园区有3个以上，100亿元至200亿元的物流园区有8~10个，50亿元至100亿元的物流园区有20个以上。

3）贵州第三方物流企业初具规模、出现了物流聚集区

贵州现有第三方物流企业大多是从以前货运部发展起来的，经过多年的积淀发展，有些第三方物流企业形成了公司制企业，形成了比较规范的操作流程，可以提供专线运输或城市配送物流服务。2013年，全省营业额为1 000万以上的道路运输企业有230户，获得国家标准3A级以上的物流企业有20家，其中包括贵州贵铁物流有限公司、贵州宁铁南昆物流有限责任公司、贵州穗黔物流股份有限公司、盘江运通物流股份有限公司、贵州商储胜记仓物流有限公司等。另外，贵州也在不同地方了出现一些第三方物流聚集区，如贵州省快递物流园、穗黔马上到公路

港、贵州西南商贸城，这为物流产业集群化奠定了基础。

4）其他产业集群化加速贵州物流产业集群的形成

20世纪90年代以来，制造业在加强自主创新的同时，其产业升级也刻不容缓。由于现代技术革命，尤其是信息技术革命的发展，世界产业格局和分工发生了重大变化，产业细分及集群化趋势日趋明显，贵州省加快了对工业结构的调整，在加强建设能源原材料工业、机械电子等传统产业同时，加快了以卷烟和饮料酒为主的轻工业发展。在巩固"两烟一酒"等支柱产业的基础上，逐步形成电力、铝和铝加工、冶金、汽车零部件工业、医药产业等新的支柱产业。目前，已形成小河—孟关装备制造业生态工业园区（贵阳国家经济技术开发区）、仁怀—习水名酒工业园（仁怀名酒工业园区、习水县白酒工业园区）、瓮安—福泉一体化园区（瓮安工业园区、福泉工业园）、开阳磷煤化工基地、贵阳国家高新技术产业开发区（麦架—沙文高新技术产业园、白云铝及铝加工基地、贵阳高新信息产业园）、息烽县磷煤化工生态工业基地、修文工业园、盘县盘北工业园区等产业聚集区。产业聚集区集群化的发展必将推动第三方物流的快速发展，这些产业集群自发地或在政府推动下形成的物流中心或物流园区正不断涌现，为物流企业在空间形态集聚发展提供了动力。

3.3.3 贵州发展物流产业集群尚不具备的条件

当然，贵州发展物流产业集群还有很多条件尚未具备，如贵州地形地势限制了物流产业集群的发展，贵州的经济发展水平还比较低，从事物流管理方面的人才比较缺乏，省内的高校每年向社会输送的专业人才远远不能满足企业的需求等，这些都构成了贵州发展物流产业集群的限制性因素，具体表现如下。

1. 贵州缺乏大量平坦的物流用地

贵州有句老话"天无三日晴，地无三里平，人无三分银。"全省土地资源以山地、丘陵为主，平坦地较少。但是物流园区的特点之一就是占地面积广，如贵阳的修文物流园区规划占地为1 250亩，总建设面积为140万平方米；改貌铁路货运中心位于贵阳市南部二戈寨片区，占地为2 700多亩，连接城市路网和环城高速，达到公铁联运的效果。这些大工程在贵州修建都必须得开山辟土，使得物流园区的建设成本大幅度增加。

2. 物流管理和物流工程专业人才匮乏

尽管目前物流受到社会的广泛关注，但各层面对发展现代物流和开发第三利润重要性的认识依然不足，现代综合物流知识远未得到普及。即使是物流从业人员对物流的理解也只停留在传统运输和仓储的概念上。很少有人知悉物流除了这两个基本功能以外还包括多式联运、仓单质押、国际货运代理、报关等一系列增值服务。缺乏专业物流管理人才也是物流业面临的严峻问题。加上物流企业对人才重视不够，缺乏对企业员工进行相关的物流业务知识、业务技能培训，使专业的物流管理与物流工程人才依旧短缺。虽然贵州有开设物流管理专业的院校，如贵州大学、贵州财经大学、黔南师范学院、贵阳学院及省内其他专科院校，其每年向社会输送了不少大中专毕业生，但尚不能完全满足企业的用人需求，专业人才的匮乏严重制约了贵州物流产业集群的发展。

3. 个体运输、货运部等传统物流模式仍占主导地位

当前贵州省物流业尚处于起步阶段，物流业硬件环境还不能适应现代物流发展的要求，物流基础设施落后，综合性货运枢纽、物流中心建设发展缓慢；物流企业规模小，实力弱，功能较单一，服务质量和效率难于满足社会化物流的需要；物流的专业化、社会化程度较低，物流方式较落后，第三方物流所占比重小；物流技术装备水平较低，物流成本高，管理粗放，经济效益较差，发展居于全国较低水平。现在大多物流企业都是经营省内专线运输，实力弱；绝大多数企业只提供仓储和运输，功能较单一；物流业进入门槛低，物流企业抗风险能力低，一旦遇到货物损失，很多小规模的第三方物流企业无力进行赔偿，服务质量和效率难以满足社会化物流的需要。这些企业受传统经营意识和管理体制的影响，集约化经营优势难以发挥，规模经营、规模效率难以实现，设施利用率低。

4. 经济发展水平较低

尽管经过改革开放30多年的发展，但是贵州经济发展水平仍旧落后于东部省份。例如，2014年全省生产总值为9 266.39亿元，与浙江的40 153.5亿元相比，贵州经济总量偏小。贵州省大多数物流公司是外省在贵州的一个物流节点，很多消费品都是从东部发达地方运输过来，贵州本地出境的物流量并不大。

5. 仓库、物流装备等物流基础设施建设处于起步阶段

贵州目前很多仓库都是以前的老厂房改装后作为仓库出租，如现在贵阳花溪大道中段电池厂的废旧厂房就是贵州勇拓物流的仓库，其交通不便，大型车辆进出困难并且不利于物流操作的机械化。另外，贵州省物流技术装备水平较低，大多是靠人力对货物进行装卸搬运，物流成本高；物流业从业人员学历层次低，接受系统专业教育培训的机会少，大多是凭自己经验的积累，尚不具备现代物流管理的理念，管理粗放，经济效益较差。物流企业信息技术水平落后，极少部分物流企业有物流信息系统，物流信息技术使用比率不高，导致所提供的物流服务在及时性、准确性、可靠性和多样性等方面都很难满足客户的需求，使企业和客户不能充分共享信息资源，没有结成相互依赖的伙伴关系，严重制约着物流企业尤其是第三方物流企业的发展。

3.4　本章小结

本章通过对贵州物流产业集群的建设现状及贵州培育物流产业集群的条件分别展开研究，得到主要结论如下。

（1）通过对贵州物流产业集群现状分析发现，目前贵州省服务于工业园区、商贸园区的物流集散地占据主导地位，高速铁路和高速公路的建设加深了贵州与外界的紧密联系，这使贵州各市州物流集散地的规划建设正着眼于相邻区域的发展和成长；在贵州物流园区规划建设过程中政府担当了引导、协调、规范、扶持的重任；物流园区提供服务主要集中基础服务方面，而相关的增值业务较少；物流产业集群管理方管理能力存在明显不足，除了进一步完善物流园区基础设施建设外，还应强化规范管理、专业化管理、强化园区管理方的服务意识，充分发挥园区的聚集效应，提供高附加值的增值服务。

（2）从物流产业集群发展需具备的条件出发，分析发现贵州发展物流产业集群尚不具备以下条件：①拥有大量平坦的物流用地，能大幅度降低物流园区的建设成本；②充足的物流管理和物流工程专业人才可供选择；③物流产业经营集约化、规模化水平高，设施设备利用率高；④经济发展水平较高；⑤拥有相对完善的仓库、物流装备等物流基础设施，较高的物流企业信息技术水平。

第4章 贵州物流产业集群支撑体系建设现状及存在的问题

4.1 引言

物流产业集群的发展壮大离不开相关支撑体系的建立。物流产业集群中高效率的物流支撑体系为集群各种支撑要素的集聚和产业发展提供良好生态环境，对提高产业关联度、促进企业的专业化聚集、提高企业间的分工协作程度，都具有重要作用。因此，物流支撑体系是物流产业集群的重要支撑，高效的物流支撑体系是促进物流产业集群产业链完整和完善产业配套，提升产业集群核心竞争力关键的一环。物流支撑体系将产业的上游与下游，包括原材料供应商、外协加工和组装、生产制造、销售分销与运输、批发商、零售商、仓储和客户服务等环节有机地联系为一体，通过降低成本、提高效率，提升物流产业集群和整个区域的竞争能力。这些支撑体系包括物流基础设施建设、第三方物流体系、物流标准化体系、供应链协同管理体系等方面。

首先，物流活动在很大程度上依赖于物流基础设施的建设，因此物流产业集群的发展受物流基础设施建设的限制。物流设施的共用性为集群内企业的发展提供了良好的外部条件。这里将从物流线路建设中交通线路建设、信息和通信建设、物流节点建设中专业设施建设、功能设施建设四个方面分析贵州物流基础设施建设现状及存在的问题。其次，物流产业集群主要基于生产活动的地理集聚，第三方物流主要基于流通活动的地理扩张，在很多物流产业集群中产生了专门满足集群企业物流服务需求的第三方物流，同时第三方物流对促进区域产业集群发展也起到了非常关键性的作用。第三方物流具有网点优势，能够突破地域界限；具有技能优势，能够高效整合社会物流资源；具有信息技术优势，能够降低交易成本。所有这些优势都有利于增大集群企业扩大市场半径和开拓新市场，同时降低产业集群因分工而带来的交易费用上升，进而促进分工深化。最后，在物流标准化和供应链协同管理体系作用下，物流产业集群依托供应链已经形成的业务范围发挥作用。对于参与市场竞争的物流企业而言，合作竞争能够实现各个企业从分立走向融合，从对抗式竞争走向协同式的联合竞争，提高整体对外竞争实力，形成"命运共同体"从而达到共同繁荣。同时，合作竞争通过把参与合作关系的企业沿供应链进行生产要素的重新整合，通过供应链在产品、市场、品牌等方面的优势增强并巩固其在同行业中的地位，提高企业的竞争力。此外，通过整体合作也能够提升物流企业集群的创新能力和综合实力。总而言之，物流基础设施是物流产业集群发展的前提和基础，第三方物流是物流产业集群的主要参与者和推动者，物流标准化和供应链协同管理体系是提升物流产业集群运营效率和效益的助推剂。鉴于此，为了找出制约贵州物流产业集群发展的各种影响因素，本书将对上述各种支撑体系的现状及存在的问题进行分析。

4.2 贵州物流基础设施建设现状及存在的问题

贵州物流产业起步较晚，交通设施建设受地域条件的限制。尽管在西部大开发战略的推动下，贵州省投入巨资用于交通基础设施建设，物流线路网络不断完善，为贵州物流业发展奠定了较为坚实的基础。但是，贵州物流业发展的基础较为薄弱、受地理环境制约、设施规范建设等问题使贵州物流业仍处于较低的发展水平。具体表现为以下几个方面。

4.2.1 物流线路建设现状及存在的问题

1. 交通线路建设

贵州山高坡陡，其中山地和丘陵占我国国土面积的92.5%，这在一定程度上制约着贵州交通线路建设，但其独特的区位优势和未来的经济发展要求政府投入大量资金建设好交通线路。进入21世纪以来，贵州交通线路建设取得了突飞猛进的发展。在铁路方面，完成了株六复线、内昆铁路、水柏铁路和渝怀铁路建设工程，2010年，开工建设贵阳至成都、广州、重庆、长沙、昆明五条快速铁路，同时对黔桂铁路进行了扩能改造，截止到2014年年底，铁路通车里程2 373千米。在公路方面，2014年末公路通车里程179 079千米，在航空建设方面，完成铜仁、黎平、兴义、遵义、安顺、六盘水、毕节、荔波、黄平机场改造工程，到2015年建成使用9个机场，通航81个城市。在水运方面，实施了赤水河航运建设工程和西南水运出海通道中线起步工程（贵州段）等重点项目，内河航道里程于2014年达到3 664千米①。在管道线路方面，到2013年已建成使用供水管道12 579.11千米，并于2013年完成贵州省境内全长约200千米的中缅油气管道和358千米的中贵天然气管道建设。

尽管贵州交通运输设施得到了很大的改善，但还是以公路运输和铁路运输为主。2014年贵州水路货物运输量为1 337万吨，铁路货物运输量为6 319万吨，而公

---

① 资料来源：《2015年贵州省统计年鉴》。

路货物运输量达到78 017万吨[①]。水路和铁路不能很好地满足货物运输需求，而公路运力有限，货车运量小，运输成本高，不能适应未来更多货物运输需求。因此，有效利用现有运输设施、合理规划交通运输设施对贵州物流业的未来发展起着举足轻重的作用。

2. 信息和通信线路建设

随着网络技术的发展和运用，物流信息技术从数据采集的条形码系统到办公自动化系统，无疑是现代物流发展的一次革命。近年来，贵州在信息和通信线路建设方面取得了飞速发展，通信基础设施建设力度进一步加大，通信技术装备水平也得到了迅速提高，通信网络加快完善，服务能力大幅提升。截止到2014年年底，移动电话用户达到3 059.85万户，年末固定电话用户数为339.10万户，电话普及率综合达到97.98部/百人[①]，电话的普及实现了企业与企业、企业与顾客的及时沟通。尽管贵州物流起步晚，但物流信息技术已经得到了广泛应用。例如，贵阳沃尔玛超市通过使用条码技术、信息分类编码技术、无线射频识别技术来对货物及时补货和销售，同时通过物流信息系统加快了企业运作速度和货物的有效配送；贵阳顺丰速运利用地理信息系统进行运输线路路径规划，再结合全球定位系统进行货物配送，最终达到在准确的时间以最快的速度、最低的成本将货物安全送到客户手中。

尽管信息技术在贵州已经得到了初步的运用，但仍然处于起步阶段，主要的问题有：①无线射频识别技术（radio frequency identification，RFID）没有得到广泛的运用，很多快递公司在分拣包裹时仍然采用传统的人工逐件分区域分拣。②物流专业人才的缺失使得一些物流信息技术没有在实际中得到运用，造成物流资源不必要的浪费。③物流信息技术只是停留在单一使用阶段，没有结合相应的系统来整体提高物流效率。

4.2.2 物流节点建设现状及存在的问题

物资在时间上和空间上的流动需要很多点和线相互连接成的网络来完成这一过程，物流线路的衔接运输需要物流节点作为中转平台，物资的流动不仅要规划好物流线路，更要建设好物流节点设施。

1. 专业设施建设

近年来，贵州物流专业设施建设有了很大的改观，不仅许多经济发达的城市规划建设了大型物流基地，而且许多中小城市也相继投资或计划投资兴建专业化基础设施。总体看来，贵州规划建设的物流园区不仅数量多、规模大，而且基本

---

① 资料来源：《2015年贵州省统计年鉴》。

遍布贵州的各市州，特别是省会贵阳所占比重最大。例如，在商贸物流园方面，贵阳西南国际商贸城总投资为600亿元，总建筑面积为1 420万平方米，是一个以商贸流通业为核心，以现代物流业和配套服务业为支撑，集市场经营、国际贸易、现代物流、电子商务、休闲娱乐于一体，批零兼营、游购一体的特大型国际顶级商贸市场集群。该项目建成后将涵盖贵阳市除了蔬菜农副产品批发及汽车销售（零部件批发）之外的各类商贸市场经营业态，并配套建设相应的物流、仓储、酒店、后勤服务、总部运营管理中心、办公楼、住宅、学校、医院等。桔山商贸物流园是黔西南州"三大园区"之一，规划占地为112.58公顷，总建筑为99.13万平方米，项目预计总投资为23亿元，其中基础设施及配套功能建设投资为8.5亿元。在物流中心方面，贵阳市花溪区竹林村将投资4.238 7亿元建设西南物流中心，总用地面积为20.94万平方米，项目建成后，将新增就业岗位上千个，年利税达3千万元以上。在配送中心方面，贵阳蒿芝塘钢材市场物流配送中心项目总投资为10亿元，占地为133万平方米，将贵阳金关钢材市场整体搬迁到乌当区金华镇蒿芝塘。项目建成后，年货运吞吐量可达90万吨，年交易额可达30亿元，年创利税可达1.5亿元，可安置农村剩余劳动力和周边下岗职工约5 000人就业。此外，贵州配送中心主要以流通企业配送中心和制造商配送中心为主，规模较小，服务范围较小，如贵州卷烟配送中心、贵州都市报的小红帽"即时送"配送中心等只为本企业服务。

无论是从贵州物流园区规划建设的规模还是产业的针对性看，贵州对物流业的发展相当重视，其耗费大量的资金和土地来规划建设物流园区，以促使企业分布集中化、运作规范化和规模化，并吸引省外物流企业进驻贵州，促进各地经济发展。同时，随着覆盖整个贵州的高速运输网络的建立，物流的运输效率将大幅度提高，运输成本将显著降低，将极大地推动货物在贵州快速集散。这些规划建设对提升贵州物流产业竞争力将产生深远的影响。但是，我们应当看到物流园区快速发展背后存在的问题，如耗费大量资金和占据大面积农耕土地来建设的这些物流园区，在建成使用时是否能达到预期的效果？是否与当地的实际需求相匹配？如何引进外省企业进驻物流园区？以及这些园区的规划是否合理？等等。

2. 功能设施建设

功能设施主要作用于物质在流动过程中的存储、中转和流通，它主要将各个物流线路联结成一个系统，使货物运输更好地衔接在一起，便于后续运送。近年来，贵州在建设货运场站及港口码头方面也取得了突破发展。例如，贵州商储集团拥有站台库达1万平方米，仓库达12万平方米，货场达4万平方米，用来临时储存大批量的货物再进行分运各地；贵州的各个超市或货物销售点都有一定的空间用来摆放待上架商品；贵州八大重点港口码头之一的罗甸八总码头也于2011年8月投入使用，八总码头建设历时两年，为实体斜坡式码头，500吨级的货运，年吞吐量可达73万吨，码头的堆货和道路停车面积共计8 000平方米，与两江一河领域的其他港口码头一起，形成大宗货物南下两广的重要水上通道（聂毅，2011）；贵州盘县特区煤炭工业公司在红果建成占地数万平方米的煤炭转运站，将盘县境内的煤炭集中用铁路运送出省。尽管功能设施在贵州广泛存在，但还存在面积小、自身功能不完备、利用不充分等问题。例如，盘县2010年地方煤矿原煤产量已突破2 000万吨，而红果和柏果的煤炭铁路转运站面积加起来不足5万平方米，并且只能通过推土机完成由货车到火车的装卸转运过程。

4.3　贵州第三方物流体系建设现状及存在的问题

第三方物流是由供需双方以外的第三方物流服务商代理供需双方为客户提供运输、包装、装卸、搬运、流通加工、配送及信息等物流服务，为客户提供专业化、多元化的物流服务（张旭辉和杨勇攀，2010）。随着信息技术的快速发展和经济全球化，在世界范围内生产、加工、流通和销售的商品日益增加，客观要求庞大的第三方物流企业体系的存在。物流产业集群是第三方物流发展到一定阶段的产物，是指以第三方物流企业为核心，涉及运输、仓储、装卸、包装、加工配送、物流信息等基本物流服务和其他相关增值服务企业在空间上集聚的现象。显然，如果贵州第三方物流企业的数量、规模不够大，物流产业集群将很难形成的。鉴于此，需要对贵州第三方物流企业现状有较为准确的把握。

4.3.1　贵州第三方物流发展现状

一个区域内任何产业的发展都与该地区经济发展状况有着紧密的联系，通常经济发展速度越快，该地区产业发展也就越快。同样，区域物流的发展与区域经济的增长也是成正比关系的。三化战略的同步推进为贵州物流产业发展创造了富有吸引力的市场前景，贵州物流产业迎来了前所未有的发展机遇。

首先，市场的快速发展刺激物流需求。2014年贵州生产总值为9 266.39亿元，2015年达到10 502.56亿元，经济规模的攀升在很大程度上刺激物流行业的发展。同时，贵州作为一个人口大省，丰富的劳动力资源及消费市场也为物流行业提供一定的发展基础。

其次，物流企业的规模快速发展，物流企业实力逐步壮大。随着贵州经济快速发展，物流产业得到了较快发展，形成了一定的产业规模。例如，2011年全省社会物流总额达到5 231.06亿元，比2010年增长11.7%。截至2011年年底，仅贵阳市登记注册并且正常开展物流业务的物流企业就达428家，全省道路运输业达

124 878户，其中，普通货运为124 674户、货物专用运输为88户、大型物件运输为8户、危险货物运输为168户、客货兼营为40户；个体性质的普通货运和货物专用运输为117 350户，占其总数的93.9%；道路运输相关业务经营为10 767户，其中，物流服务为130户、货运代理为596户、信息配载为217户（李大忠，2012）。

最后，从贵州物流从业人员来看，物流从业人员已达到了一定的规模。例如，2011年全省道路货物运输从业人员为238 369人，其中，道路货物运输驾驶员为225 539人、危险货物运输驾驶员为5 332人、危险货物运输押运员为4 084人、危险货物运输装卸管理员为761人（李大忠，2012）。全省物流从业人员中，高学历、高级专业技术职称、高素质的经营管理人员不多，相当多的从业人员文化水平不高，只能从事粗放式或家庭式的管理。

4.3.2　贵州第三方物流发展中存在的问题

近年来，贵州第三方物流取得较快的发展。但总体看，贵州第三方物流还存在众多的制约因素，具体表现为以下几方面。

1. 物流企业规模较小、服务能力较弱

近年来，贵州物流企业迅速发展，形成了一定的产业规模。但是大多数物流企业规模小、布局分散，缺乏社会影响力，多数企业注册资金都在100万元以下，并且这些物流企业大多以夫妻店、兄弟店为主，辐射能力有限，主要从事传统的运输、仓储业务，而增值服务较少。这样的物流产业发展格局导致物流资源分散，产业竞争能力不强。同时，企业在谋求自身发展过程中，进行各自的物流设施设备建设，重复建设严重，资源闲置，难以达到物流产业集群的规模效应，使得物流产业发展壮大受到很大限制。各区域物流资源整合难度大，资源利用效率低。另外，这些分散、小型物流企业各自开展仓储保管、运输、配送等物流服务，整体物流服务水平不高。显然，这种服务内容单一且规模较小的物流企业难以提供大规模、大范围的物流服务。

2. 物流设施设备落后、工作效率低下

物流设施设备是开展物流各个环节工作的基础条件。近年来，虽然贵州加大了对交通运输道路设施的建设，但是在围绕物流活动开展方面的设施投入相对较少，如运输、仓储、装卸搬运工具方面。就运输而言，全省大件运输车、集装箱车、冷藏保温车较少。装卸搬运环节大多采用人工作业，无论是在作业规模、工作效率还是在功能上，都还达不到现代物流发展的基本要求，如自动化立体仓库、机械化的装卸搬运设备等设施建设较少。当然，受到资金方面的制约，很多企业减少和降低自动化、机械化设施设备的投入，很多操作环节采用人工作业，使得工作效率低下。

3. 物流信息技术应用程度不高、服务质量降低

贵州很多物流企业都属于中小型企业，受企业规模和资金的限制，在物流活动各个环节的管理上，信息技术应用还不够普遍，很多工作都靠人工进行管控，采取原始的信息传输和管理方式，如对物流信息的收集、数据的处理等大多采用人工处理，信息在传递过程很容易出现失真或者偏差，导致物流服务效率低下，企业管理水平有待提升。

4. 物流从业人员素质相对较低、服务能力不足

任何产业的发展都离不开专业人才的支撑。贵州物流正处于快速发展的过程中，急需大量的物流专业管理和经营人才。但企业对于现代物流专业知识的重视程度不够，物流从业人员的培训和学习相对滞后，从而造成整个物流业从业人员的综合素质相对较低，服务能力尚不能满足客户个性化的需求。

4.4　贵州物流标准化体系建设现状及存在的问题

物流标准化是指在运输、配送、包装、装卸、流通加工、保管、信息管理及资源回收等环节中，对重复性事物和概念通过制定发布和实施各类标准，达到协调统一，以获得最佳秩序和社会效益（林勇，2008）。物流标准化包括：①物流标准体系。②物流设施标准。物流设施标准包括物流设施设备基础标准、物流设施、集装化器具、物流设备标准。③物流信息标准。物流信息标准包括物流信息基础标准、物流信息应用标准、物流信息管理标准、物流信息服务标准和物流信息安全标准（张铎，2011）。物流标准化以物流作为一个大的系统，制定系统内部设施、机械装备、专用工具等的技术标准和包装、装卸、运输、配送等各类作业的作业标准和管理标准，以及作为现代物流突出特征的物流信息标准。物流标准化可以统一物流概念，规范物流企业，提高物流效率，使贵州物流与国际接轨，是物流发展的基础。就目前情况看，贵州许多物流企业至今还在沿用传统、单一的物流作业方式，从某种程度上来说严重制约了贵州物流业的发展，贵州物流标准化落后是其重要的影响因素，若不采取及时的改革措施，必将会对贵州经济的腾飞发展带来极大的负面影响，大力推进物流标准化的发展问题已迫在眉睫，不容忽视。

4.4.1　贵州物流标准化建设现状

贵州物流标准化工作起步较晚，因各种原因的制约，物流标准化建设工作进展有限。目前物流标准化建设相对于物流行业的快速发展还相对滞后，并引发了一系列现实问题，主要表现在以下几方面。

（1）各类运输方式装备标准不统一，严重影响到了贵州开展多式联运业务。

以集装箱为例，由于铁路集装箱和空运集装箱的"标准不统一"，造成多式联运过程中多次拆装箱，增加了包装成本和储存费用。同样问题也出现在公路运输中。各种运输方式间装备标准的不兼容严重影响了贵州综合运输的发展，降低了物流效率，也限制了成本的节约空间。

（2）物流器具标准不配套，如现有托盘标准与各种运输装备、装卸设备标准间缺乏有效衔接，降低了托盘在整个物流过程中的通用性。更有甚者以企业自己定义为准，严重影响了货物在运输、仓储、搬运过程中的机械化、自动化水平的提高，影响物流配送系统的协调运作。

（3）物流包装标准与物流设施标准间配合性差。标准间缺乏配合严重影响运输工具的装载率、装卸设备的载荷率及仓储设施的空间利用率。

（4）已有标准的应用推广存在障碍。由于过去计划经济体制下部门条块分割的影响，物流标准化工作被人为地分散在各个不同的管理部门，难以形成统一的管理体系，推广工作更是困难。

当然，近几年来经过各有关部门的共同推动，贵州物流标准化工作受到应有的重视，也取得了一定的成绩，具体表现为以下几个方面。

（1）积极参与国家标准化活动，及时掌握国内外物流标准化工作动态。2007年以来，贵州省有关行政主管部门、科研院所、行业协会、企业积极参与国家标准化的各项工作活动，并根据国家实施物流标准化的进程，参与推广物流管理等方面的基础性和通用性标准，如《物流师国家职业标准》《物流企业分类与评估指标》等。

（2）国家A级物流企业评估工作已在贵州正式启动。根据国家标准管理委员会《物流企业分类与评估指标》的要求，在贵州开展国家A级物流企业评估工作，到目前为止，已有19家企业完成物流企业评估。在此情况下，贵州大批物流企业、物流科研院所、物流协会加入到了评估工作中来，这些为贵州物流标准化建设工作提供了良好的支持。

（3）中国物品编码中心贵州分中心的成立。该中心经原国家质量技术监督局授权组建、批准，这个部门的主要职能是贯彻执行在物流过程中商品条码的工作方针、政策、法规和标准；组织协调和管理贵州本地区的商品条码工作，并负责本地区的商品条码技术培训、技术咨询和资格认定工作。

（4）物流标准化工作得到实质性的推动。在贵州省商务厅的指导下，在贵州省物流行业协会的组织推动下，由贵州省商务厅、贵州省物流行业协会、贵州财经大学联合起草的《城市配送服务规范》（DB52/T 1050-2015）和《物流服务风险管理规范》（DB52/T 1042-2015）两项贵州省地方标准于2015年正式发布。类似的标准还包括2010年发布的贵州省航务管理局和武汉理工大学联合起草《贵州省乌江货运船舶（队）标准船型主尺度系列货船及船组》（DB52/T 810-2013）《贵州省乌江货运船舶（队）标准船型主尺度系列载货汽车滚装船》（DB52/T 811-2013）《贵州省赤水河货运船舶（队）标准船型主尺度系列货船及船组》（DB52/T 812-2013），2010年发布的贵州省公安厅消防局起草的《仓储物流单位消防安全管理规程》（DB52/T 698-2010）和中国烟草总公司贵州省公司起草的《烤烟专业队伍建设作业规范专业物资配送队伍》（DB52/T 684-2010）。与此同时，2015年7月13日贵州省物流标准化技术委员会成立，为物流标准的编制、推广和示范奠定组织基础。

4.4.2　贵州物流标准化建设存在的问题

虽然贵州物流标准化建设已经取得了一些成绩，但仍然存在很多问题，主要体现在以下几方面。

（1）物流标准化的市场基础比较薄弱。标准化要以市场化为基础，物流标准化同样要以物流市场的发育与成熟为基本条件。从贵州当前情况看，物流产业一直处于快速发展之中，物流市场潜在需求巨大，但物流市场的实际需求则显得不足。从经营方式讲，传统体制下形成自主流通，不愿依靠第三方物流的观念还存在；从生产发展水平看，企业生产物料成本与劳动成本，即通常所说的第一、第二利润源泉，还有很大潜力，物流作为第三利润源泉，还没有普遍成为企业生存发展必须追求的主渠道。

（2）物流标准化与各相关产业之间的不协调。在标准化运作中，政府部门之间没有建立协调机制。标准化技术组织与科研机构按照传统的分工，在各自的产销领域推进物流标准化建设，相互之间没有交流、配合，更没有统一规划。这种产业之间标准化运作的分离状态显然不能适应物流所要求的高度系统化，制约了物流协调运作。另外，技术标准存在多方面的差异与缺陷，也制约了物流的协调运作，突出表现在托盘、包装、信息技术方面。

（3）缺乏相关的执行标准及规章制度。在执行方面缺乏必要的力度及规章制度。按照中国现有的标准化管理与运行体制，有关物流标准化的政府管理，除了国家统一的标准化管理机构，还有交通、铁路、民航、信息产业等代表行业的政府部门。而物流所包括各个产业的标准化专业技术组织与科研机构，则分散在各个政府部门、行业中。在标准化运作中，政府部门之间没有建立协调与沟通机制，很多部门及行业依旧按照固有的体制运行。加上贵州当前所编制的物流地方标准均属于推荐标准，标准的推广尚缺乏一套成熟的模式，使制定的现有标准难以推广与实施。

4.5　贵州供应链协同管理体系建设现状及存在的问题

供应链管理对于企业提高效率、降低成本、防范风险具有十分重要的意义。在物流园区构建供应链协同管理体系可以实现信息共享、经营技术的交流，及时了解彼此的战略方针，消除不利于物流园区发展的负面影响，实现物流产业集群整体利益的最大化。

4.5.1　物流产业集群供应链协同管理的现状

贵州物流园区大部分物流企业都是小型私人企业，"小、散、乱"问题比较突出，物流市场不规范现象严重，集群内部存在恶性的竞争。首先，业务内容局限在仓储管理、运输管理、装卸搬运管理，管理方式比较粗放，功能较单一，大规模系统化、信息化、仓储现代化的创新型多功能综合性物流产业集群还未成型；其次，这些小型企业自身的文化、组织、战略、赢利模式存在差异，不同的价值观念和发展理念导致集群内部企业之间信任度不高，供应链各节点企业一般都是独立的经济实体，往往会采取一些保护和防范措施，有保留地进行合作，这样造成了严重的信息不对称，各个成员间协作程度下降，使得整个供应链的整体竞争力不强；最后，集群内部数据交换、信息发布、物流跟踪、库存管理、决策分析、金融服务、配送服务等功能缺乏强有力信息平台的支持，企业间信息沟通不顺畅，信息搜寻成本比较高。

4.5.2　物流产业集群供应链协同管理存在的问题

目前，贵州物流产业集群供应链协同管理方面存在很多问题，集中表现在集群内部竞争无序、企业间缺乏信任、企业间没有信息共享平台等方面，具体如下。

1. 集群内部竞争无序、创新能力弱

贵州物流园区大多数物流企业都是小型私人企业，规模小。到目前为止，贵州物流园区或物流市场没有形成良好的制度环境和缺乏必要的制度约束。但是，贵州物流业蕴藏着巨大的商机，许多企业都进入物流行业，导致机会主义盛行，市场无序竞争严重，抑制创新的产生。

2. 集群内部企业间信任度不高

由于供应链各节点企业的文化差异，它们往往习惯于以企业自身的文化、组织、战略、赢利模式来审视其合作伙伴，不轻易与理念和价值观不同的企业进行合作，彼此间的信任度不高。例如，二戈寨物流园区很多物流企业的负责人大多数都是做货车司机起步的，在既有盈利模式下要让其做出很大的改变是很难的。

3. 集群内部缺少物流信息平台

在物流产业发达的地区、省市都构建了属于公共物流信息平台，如湖北省物流公共信息平台、江西省物流公共信息平台、四川省物流服务信息平台、山东省交通物流公共信息平台、广州市物流公共信息平台、沈阳市物流公共信息平台、武汉市物流公共信息平台等。这些平台提供数据交换、信息发布、物流跟踪、库存管理、决策分析、金融服务、配送服务等功能，大大提高了该地区物流业的运行效率。但是，就贵州而言，目前尚未建立这样的信息平台。尽管省内许多物流企业都建立了自己的物流信息系统，但彼此间信息是相对封闭的，企业间、政企间缺乏有效的沟通交流平台。显然，为了推动贵州物流产业集群的形成和快速发展，无论政府还是物流产业集群都需要建立公共物流信息平台，使物流产业集群内部、集群之间建立正式和非正式的交流渠道，使各企业间信息沟通更顺畅，信息传递更准确、更高效，这也将大大降低企业信息搜寻成本，提高贵州整个物流产业的运行质量和效益。

4.6　本章小结

本章分别对物流基础设施建设、第三方物流体系建设、物流标准化体系建设和供应链协同管理体系建设现状及存在的问题分别展开研究，得到主要结论如下。

（1）通过对贵州物流基础设施建设的现状分析发现，近年来尽管贵州在物流线路建设、物流节点建设方面发展速度快，但是因为发展基础薄弱、地形限制等，物流成本仍旧居高不下。同时，还存在物流信息技术在贵州应用不充分、物流专业设施建设和功能设施建设规划不充分、设施利用率低等问题。

（2）通过对第三方物流体系建设的现状分析发现，贵州经济发展迅速，极大地促进了物流需求的增长；物流企业规模化明显，但其所提供的增值服务少，资源利用不充分，服务水平较低；贵州物流从业人员的从业素质和服务能力不足。

（3）贵州各相关部门对物流标准化重视程度日益加深，开展国家A级物流企业评估项目，组建中国物品编码中心贵州分中心，物流标准化工作取得了一定的成效。现代物流业已有一定的规模，为物流标准化工作的推进提供了技术和物质基础。但是，贵州物流标准化的市场基础较弱，各物流基础设施和各相关产业之间没有统一的标准，致使运作衔接差。

（4）通过对供应链协同管理体系建设的现状分析发现，集群内部小型私人企业占大多数，管理较为粗放，创新型多功能综合性物流产业集群还未成规模；物流市场无序竞争严重，抑制创新的产生，同时集群内部各企业信息共享意识差，信任度不高。

第5章　贵州物流产业集群建设的对策建议

5.1　引言

从贵州物流产业集群建设现状来看，贵州缺乏大量平坦的物流用地，使得物流园区的建设成本大幅度增加；物流管理和物流工程专业人才匮乏，物流企业对人才重视不够，缺乏对企业员工进行相关的物流业务知识、业务技能培训，制约了贵州物流产业集群的发展；大多数物流企业的集约化经营优势难以发挥，规模经营、规模效率难以实现，设施利用率低；经济发展水平较低，本地出境的物流量较小；物流企业信息技术水平落后，信息资源不能充分共享。然而，对于贵州物流产业来说，发展产业集群既能解决当前物流产业发展的许多问题，也是加快贵州经济发展的需要。产业集群具有整体创新、动态合作的明显优势，一旦形成产业集聚的"板块经济"，就会产生良性效果，更可进一步积聚力量，吸引区外的技术、资本和劳动力等经济要素向产业集群集中，这对促进贵州物流产业的发展，增强贵州物流产业核心竞争力，加速其发展进程具有重要意义。此外，集群的发展还有利于带动物流产业相关产业的发展，促进经济发展。鉴于此，为了能够更好地培育和发展贵州现代物流产业集群，本书为通过对发达国家物流园区建设经验的归纳和总结，给出了贵州现代物流产业集群构建宏微观层面的总体思路和具体途径。

5.2　学习发达国家物流园区的建设经验

比较而言，日本和德国物流园区的建设起步都较早，物流园区发展较为成熟，它们的许多做法都值得我们学习借鉴。但是由于地理环境和社会环境不同，并不是所有的成功做法都适合我们，需要我们进一步比较分析。

5.2.1　德国物流园区的建设经验

德国是欧洲世界发展物流园区较早的国家，它对物流园区的规划建设有着自己独特的见解，其物流园区建设模式是近年来很多发达国家和发展中国家在建设物流园区时争相效仿的。德国物流园区的建设具有以下特点。

1. 物流园区规划建设中政府扮演助手角色

在德国，任何一个物流园区建设都是由政府赞助而建成的。但是，德国政府却始终在规划建设中担当助手而并非主角。德国在规划和建设物流园区时一直遵循联邦政府统筹规划、州政府扶持建设、企业自主经营的建设模式（徐萍，2004）。例如，1922年德国提出了规划建设第一个物流园区，首先由德国联邦政府做出整体规划，然后将方案递送到各地政府，由各地政府衡量方案是否符合本地区规划后再批准建设，这种规划模式有利于实现物流园区的统筹规划，避免了园区有效辐射范围减小的问题。其次，德国政府始终明白自己在物流园区规划建设中只能起到协助扶持的作用，主导企业必须是入驻物流园区的企业。政府只在园区规划建设时进行方方面面的协调，促成物流园区建成，并制定园区的运营规则，之后就退到幕后，并在必要时候给予物流企业一定的扶持。政府绝不干预任何物流企业的一切正常经营活动，企业按照市场的需要，依法经营，照章纳税，自由发展。

2. 重视物流园区运输条件的完善

德国多数物流园区都有两种以上运输方式连接，其中公路与铁路运输是最基本的运输方式。此外，德国有不少物流园区还会创造包括内河航运、航空运输等方式在内的多种运输方式并存的运输条件。因为在它们看来完善物流园区的运输功能，在园区内实现多种运输方式的衔接更容易满足市场需求，留住客户。例如，德国科隆物流园区集结了内河、铁路和公路三种运输方式，一部大型吊车，横跨三条线路，可以很方便地直接换装，在园区内形成了特有的多式联运体系（中国物流与采购联合会绿色物流园区赴德研修班，2010）。可见完善物流园区运输功能的确是发展物流园区的一个重要途径。

3. 重视物流园区的可持续发展

德国是非常重视环境保护的国家，可持续发展无疑是德国政府制定的发展战略目标之一。在物流园区的规划建设上德国提倡绿色物流和物流园区合理利用自然资源。例如，在物流园区规划初期德国就为园区留下面积可观的绿地及污水垃圾处理装备；发展甩挂运输，用四个拖车就可以完成100多个集装箱的移动工作；公路干线进入物流园区，经过配载，实现配送车辆满载进市区，优化运输路线，避免和减少了交通拥堵和尾气排放。同时，政府规定，运营车辆必须符合环保要求，使用节能环保设备，政府给予补贴，限期淘汰老旧汽车。为了更好地利用自然资源，利用仓库屋顶发电，物流园区不仅无需使用传统能源，而且还使自己变成一个清洁的发电厂。

5.2.2 日本物流园区的建设经验

日本是最早提出和发展物流园区的国家，也是目前世界上物流最发达的国家之一，其物流园区建设具有以下特点。

1. 物流园区规划建设政府扮演推进者角色

日本政府在对物流园区的规划建设上仅仅扮演着推进者的角色。日本大部分物流园区都是由政府出面以很低的价格买进土地并规划为物流园区建设用地，然后再卖给有兴趣开发物流园区的开发集团，并由开发集团按照政府对物流园区的规划进行建设，建造费用由开发集团承担。当然，对于部分开发集团投资不足的，政府会要求银行提供长期低息贷款（沈艳丽，2010），如和平岛流通中心贷款利息是银行正常利息的30%左右。这种方式不仅能充分发挥企业发展物流园区的积极性，也为国家节省了不必要的开支。

2. 重视物流园区的选址

日本被称为岛国，国土面积狭小。因此日本政府格外重视日本的土地利用率，决不允许因盲目建设物流园区而浪费一寸土地。日本政府认为在一个经济还不够发达的地区建设物流园区并希望物流园区可以快速发展完全是痴人说梦。要实现物流园区的快速发展必须借助成熟的经济圈和交通圈。鉴于此，日本政府对物流园区的选址制定了严格的原则，物流园区的建设地区周边必须拥有发达的经济圈和交通圈。例如，和平岛物流园区位于东京南部，西靠东京湾港区码头，南邻羽田机场，附近有高速公路和城市环状公路，是东京的水、陆、空交通枢纽。发达的经济圈会给物流园区带来发展的契机，更方便物流园区寻找客户，而成熟的多式联运交通枢纽则可以帮助物流园区的减少建设成本，满足客户需求，迅速发展。

3. 强化园区土地的集约利用

日本人多地少，为节约土地，所建的物流园区建筑物都有向高层发展的趋势，车辆可以直接开进大楼的各个楼层，建有特殊的楼层供卡车车辆行走。例如，东京物流园区的物流大楼是六层钢筋混凝土结构的建筑物，长312米、宽90米、高33米，每层建筑面积达2.9万平方米，底层层高均4.6米，设计荷载为1.8吨/平方米，大楼的平面设计呈双向对称型。南北两端各布置卡车上下楼坡道，坡道平面呈"回"字形，出入分道、单向行驶，车道宽7.5米，坡度为1∶10，可上5吨以下卡车；5吨以上大型卡车在底层装卸货物，用货梯上下运输（邓超风，2006）。

4. 重视物流园区制度的完善和考核

日本政府在对物流园区的建设上一直坚持政府推进，企业自由发展的模式。但是日本政府也清楚过于自由的模式可能会导致物流园区运作混乱出现问题，物流园区必须在一个规范有序的环境中才能获得发展，因此完善物流园区制度、提高进驻物流园区企业素质就显得格外重要。这样做可以避免一些物流园区发展成基础实施水平低下的园区，而严谨的制度规定可以遏制物流园区内企业间形成恶性竞争。

5.2.3　德国、日本物流园区建设对贵州物流园区发展的启示

虽然德国、日本同我国贵州相比有着不同的经济发展状况，自然环境、经济体制，物流发展情况也有很大区别，但它们物流园区建设的经验却都可以给贵州发展物流园区提供一些借鉴。

1. 明确政府在物流园区规划建设中的角色定位

在物流园区规划建设中，政府绝不能"一把抓"，政府需要做的只是统筹物流园区布局，投资赞助，制定物流园区规章制度，为企业营造发展的大环境。其余要做的就是给企业更多的发挥空间，给物流园区一个更靠近市场的机会。

2. 重视物流园区选址和功能定位

贵州若想在短期内获取物流园区的发展，就必须在规划建设物流园区时就正视物流园区选址和功能定位，明确物流园区的选址与功能定位是物流园区能获得成功迈出的第一步。本书认为物流园区的选址和功能必须以满足市场需求为前提，只有在确定市场需求后才能确定物流园区建设地址和功能定位。另外，要想物流园区获得快速发展还需要借助周边发达的经济圈和交通圈，根据贵州省目前的经济发展状况，现阶段贵州物流园区的选址应当考虑在经济较发达的地区或者是在短期内将会得到发展的地区。

3. 增强物流园区的功能和服务能力

物流园区应能提供运输、保管、配送、装卸、包装、流通加工、信息处理等方面物流服务。但本书认为一个成功的物流园区必须具有更强大和全面的功能与服务，以满足更多的市场需求。在德、日两国的物流园区中，都建立了多式联运体系，使物流园区成为一个多式联运枢纽来强化丰富物流园区的功能性，这种发展思路有助于解决我国贵州省物流园区目前存在的功能单一的问题。此外，增加物流园区内的增值物流服务也能有效改变物流园区功能服务单一性，如增加订单处理、货物验收、货物再包装与简单的流通加工、代办货物保险、代收货款、货物回收与替换、库存分析与控制、销售预测、物流系统规划、物流成本核算分析等。

4. 物流园区的建筑设施向高层发展

日本人多地少，为了节约用地，物流园区设施建设都是向高层发展。贵州是喀斯特地貌，92.5%都是山地丘陵，建设性土地资源同样匮乏，若大量开山建设，将耗资巨大。贵州物流园区如果学习日本建设方法，考虑建设高层建筑，

粗略估算，建设五到六层的仓库，则贵州同样大小的物流园区可再增加5~6倍的使用面积，这样可以更充分利用土地资源，还可减少资金的投入，可谓一举两得。

5. 推进物流园区的可持续发展

为了推进物流园区的可持续发展，贵州可采取以下措施：①首先加大污染大、能耗高、老旧车辆的限期淘汰力度。因为物流园区车流量比较大，并且大卡车多为柴油发动机，对空气污染较为严重。其次，对驾驶员进行节能驾驶培训，鼓励企业将节能产生的部分收益以现金形式奖励驾驶员。最后，充分运用绿色环保税收制度，促进低耗油车辆的利用。②运用信息化手段，优化运输组织，将货物进行合理分配，增加满载，减少空车行驶，减少大量柴油车对物流园区空气造成的污染。③合理利用自然资源，为物流园区降低运营成本。例如，在物流园区建设一个小型的蓄水池，将物流园区的雨水收集起来供洗车时使用；在物流园区屋顶或路灯位置建设小型太阳能发电装置，白天将太阳能转化成电能存储起来，供晚上使用，减少用电量，从而降低园区的运营成本。④加强政府对物流园区环保考核，适度提供环保奖励补贴调动物流企业环保积极性。

5.3 加强政府在贵州物流产业集群建设方面的规划引导

为了给贵州物流产业集群发展创造更好的条件，应当加强政府在贵州物流产业集群建设方面的规划引导作用，具体表现为以下几方面。

1. 对物流产业进行适度调控

第一，各级政府应该加强对物流产业的统一协调管理，避免出现多头管理的现象，鼓励、扶持、监督物流产业的健康发展。第二，地方政府在制定物流发展规划或发展政策时，要考虑与相邻省份云南、四川、重庆、湖南、广西之间物流产业发展的竞争与合作问题，推动省际物流合作，实现共赢；同时各级地方政府应该加强各地物流规划的协调与合作，实现区域物流良性发展，避免同质竞争。第三，政府调控应该有的放矢，不能过度干预市场。政府应着眼于宏观政策，着眼于发展重点、试点、标准化和公共信息平台等方面的工作。第四，发挥相关行业协会的积极作用。政府应该有意识地培育贵州省物流行业协会，促进商业、物资、运输等行业协会之间的合作。第五，在政府或者行业组织的积极引导下，整合贵州现有物流企业和资源，多方协调，通过制定现代物流行业规范，制定市场准入限制，鼓励合资、合作、兼并、整合等措施扩大现有第三方物流企业的规模。

2. 合理规划布局物流园区

区位因素对物流产业集群的形成有非常重要的影响，便利的交通运输条件有利于物流产业集群的形成。为了使贵州物流产业集群尽快形成，要求政府从宏观层面规划物流网络，选择有利区位发展物流产业集群。物流产业集群不但要求交通便利，还要求符合城市规划，提倡环境保护、生态平衡，故物流园区一般都分布在城市边缘。同时，应充分考虑到物流市场和劳动力成本等，考虑到经济、社会、自然等因素的影响。物流企业在区位选择时具有盲目性和自发性，政府应从整个区域和谐发展角度来对其区位选择加以规划和引导。政府应将分散在各地的第三方物流企业逐步吸引到新修建的物流园区，推动信息资源共享，基础设施共用，规范经营，实现规模经营，并将推进整合物流资源作为当前政府的一项重要任务，将培育和发展贵州省物流业也作为招商引资的重要内容；拓展物流企业赖以生存的空间，创造更加宽松的环境，通过政府的引导和市场的作用，消除影响物流业发展的体制性和机制性障碍，审慎制定物流政策。特别是在当前各地争上物流中心、建设物流园区的情况下，政府应当统筹全局、合理引导，在充分利用现有的场站、枢纽和仓储设施等资源的基础上，尽可能减少"一哄而上"的"物流热"。

3. 建立和完善物流园区相关的法规政策

促进物流产业集群发展，政府的首要职能是制定规则，并保证规则的实施，以完善市场秩序。在物流产业集群形成的过程中，政府需要有全新的观念，在制定、执行保证公平竞争的法规等方面做出积极的努力。在集群发展创新活动中，政府可通过法律、经济和组织管理手段在制度、环境和政策层面引导创新活动的方向，创建集群内部的研究开发体系，激励高等学校与企业之间的共同研究创新，保护创新成果，协调创新主体之间的矛盾。同时，政府要积极推动科研机构研究其他国家和地区发展物流的有关政策，加速物流发展的战略研究，提高贵州省物流业的整体竞争力，以降低最终产品的成本，从而提高贵州省更多产品的市场竞争力。

4. 优化物流市场环境，鼓励物流产业集群发展

政府应在机构设置、项目审批、基地建设和市场管理等方面进行重要的调整和改革，以简化程序，增强服务，进一步优化产业集群发展的市场环境；应加快建立统一开放、公平竞争、规范有序的物流市场体系，消除地区封锁和行业垄断，清理和废止各类不适应物流集群发展要求的政策、规定，制定引导物流业发展的法规；应加强物流市场监管，发挥相关职能部门作用，严厉打击欺行霸市等各种扰乱市场秩序的行为；应充分发挥中介机构作用，依法制定物流行业规范，加强行业自律。加快社会信用体系建设，开展物流企业和从业人员信用等级评定；应对全省物流企业进行综合等级评估，加强政府对企业的规范管理，为物流企业的经营和发展创造良好的外部环境。

5. 普及物流产业集群思想，发展第三方、第四方物流

贵州物流产业集群处于发展初期，其集群效应还没有完全显现。因此，企业对物流产业集群的认识尚不全面，政府应加强集群知识的宣传，积极引导物流企业采用先进信息技术和物流装备，进行业务流程再造，打破原有的组织方式，积极参与社会化、专业化的分工，剥离低效的运输仓储功能业务，外包给第三方物流企业，增加物流需求；应改变传统的运输、货代、仓储、加工、整理、装卸、配送各个环节分割运作的观念，促进物流基本功能的有机整合，推动传统物流企业转型，促进第三方物流企业、第四方物流企业的发展。

6. 加快经济发展和基础设施建设

经济越发展，专业分工就越细化，产业集聚趋势就越明显，这样对物流业的要求就越高。因此，贵州应抓住西部大开发国家政策向西部倾斜的契机，大力发展贵州的基础产业，尤其是"两烟一酒"及开采业。例如，充分发挥"贵烟"的品牌带动作用，积极调整产品结构，进一步拓展省内外市场，提高卷烟产销规模；充分发挥"国酒茅台"等贵州白酒品牌的带动作用，加大白酒工业投入，扩大优质白酒比例，提升贵州白酒的整体竞争力；加快煤炭、电力、化工、冶金、有色、装备制造、建材的发展。总体看，只有经济发展了，人民生活水平提高了，才会有更多、更高的消费需求，对物流服务的要求也会越来越高。同时，贵州应加快高速公路网建设，尽快形成省内主要城市 4 小时交通经济圈和贵阳通往全国7小时快铁交通圈建设。这样，贵州所需生产和生活资料就能更快、更及时到达，贵州丰富资源及特色产品也能通过更快捷的方式输送出去，实现其价值。

7. 预留物流产业集群发展所需要的土地资源

由于现在政府多半的收入都是靠出让土地给房开商的土地使用费，物流园区通常建在交通枢纽等地理条件优越的地方。相对于房地产而言，物流地产短期效益不明显，但会增加该地区招商引资的吸引力。因此，地方政府不能只注重眼前利益，应看到物流产业的发展会带动其他产业发展的长远利益，留足物流产业发展的地域空间。

8. 加强物流专业人才的培养

现代物流是随着运输集装箱化和现代信息系统的产生而发展起来的新兴产业，涉及仓储运输、信息技术、公关谈判、政策法规等内容，需要大批各层次受过专业训练的从业人员。因此，需要加大不同层次物流专业人才的培养。培养方式包括专业教育、技能培训等。贵州现有高校每年统招物流专业的人才远远不够物流业对物流专业人才的需求，应支持省内高校围绕企业需求、园区需求培养不同专业方向的物流人才，同时根据物流产业结构调整的需要，引导物流企业、行业组织与职业教育机构紧密结合，采取委托培养、订单培养等方式，共同实施职

业培训和日常教育，提高物流业人力资源自主开发能力和从业人员素质。除此之外，政府可提供优惠政策，从物流发达地区引进物流人才，吸引人才来贵州落户，从而节省人才培养时间和成本。

5.4 加快建立物流园区运营绩效评价体系

物流园区运营绩效评价体系是运用科学的标准、方法和程序，基于物流园区体系结构、运作模式和效果，对物流园区进行全面衡量，是一个综合的物流园区评价体系。该体系不仅充分体现了物流园区的运作特点，还反映了该园区物流运作情况。目前有关运营绩效评价较多的是对物流或供应链物流绩效评价的研究，其中大多数研究着眼于微观领域里企业物流绩效评价，对于单方面的物流活动研究较为常见，如Mentzer和Brenda（1999）首次尝试以绩效衡量为目的，对物流活动进行包含效率与有效性的分类。对于宏观领域物流绩效的研究主要是对整个社会物流系统进行绩效评价，如裘炜毅和杨东援（2003）从战略角度衡量社会物流系统的绩效。可是，一般而言，物流园区建设耗资巨大、建设周期长，涉及自然环境、社会环境等多方面因素，所以构建一个合理的评价指标体系，并进一步建立物流园区绩效评价模型，对物流园区健康、快速发展具有重要意义。国内对物流园区的评价研究主要侧重于物流园区的可行性功能、发展水平的综合评价，主要采用模糊综合评价法、层次分析法和因子分析法（吴琼，2012）。同时，物流园区也可以看成一个企业，具有经济效益和社会效益，投资者、领导者等不同，物流园区和企业在这方面的侧重点也不同。因此，本书选取企业经营绩效评价中的BSC（balanced score card，即平衡计分卡，又称为经营绩效平衡表）方法。本节首先分析物流园区运营绩效评价指标体系的构建思路；其次对物流园区绩效评价的两种方法进行比较分析，包括其定义、工作原理和优缺点；最后运用这两种方法对具体的物流园区分别进行评价。

5.4.1 物流园区运营绩效评价指标体系的构建思路

在建设和规划物流园区时，应从经济社会发展的全局与宏观角度考虑，政府规划与建设物流园区期望的总体目标是实现区域经济社会全面、可持续发展，并且能够创造显著的经济社会利益。因此，在构建物流园区营运绩效评价指标的体系时，不仅要考虑物流园区的盈利能力，还要考虑园区给社会经济带来的影响。每个物流园区的位置、物流设施、园区规模等方面会有所不同，它们都具有一定的特殊性。因此，在构建物流园区绩效运营绩效指标体系时，还应该遵循宏观性、目的性、科学性、系统性、可操作性、可比性、定性与定量相结合、通用指标与专用指标相结合等基本原则（吴琼，2012）。物流园区具有双重的服务特征，一方面物流园区为入驻企业提供服务，物流园区运营商是服务提供方；另一方面，物流园区内物流企业为各自的客户提供服务，物流企业是服务提供方。对于物流园区运营绩效评价应包括园区的运营商和入驻的物流企业两个层面。物流园区将创造经济和社会效益，在经济效益方面，物流园区投资者的目标是实现投资价值最大化；入驻园区企业则关心的是物流园区能否提高它们的运营效率，降低成本，实现效率最大化。在社会效益方面，政府主要考虑物流园区是否能够对城市和地区发展提供基础性的支持，缓解交通压力，提高环保与生态治理水平等。在构建物流运营绩效评价指标中，应以物流园区中利益相关主体（投资者、运营商、入驻企业、政府和客户）的成本最小化、利益最大化来衡量园区的运营绩效。

从物流园区经济效益考虑，将从四个方面来建立评价的指标指体系。

（1）基本条件。其涉及园区机构健全性、设备适用性、园区企业满意度、信息网络化水平、人员流动率和培训率、配套服务功能等指标。

（2）经营效益。其包括净资产利润率、利润增长率、资产负债率、资本保值增值率。

（3）规模效益。其包括物流园区产业集中度、园区内物流企业联盟数量、土地利用率、公用设备利用率、客户新增率。

（4）创新能力。其包括研发费用占总收入的比例、研发人员占园区从业人数比例、研究项目数。

从物流园区的社会效益考虑，将从两个方面来建立评价指标体系。

（1）对环境的改善。其包括缓解交通压力、环保与生态治理水平、改善地区投资环境、促进城市功能分区等指标。

（2）对国民经济的贡献。其包括社会贡献率、利税率、就业效益及对相关产业促进作用等指标。

5.4.2　物流园区绩效评价方法比较分析

在对物流园区绩效进行评价时，本书将用模糊综合评价法和BSC分析法进行分析和比较。因为这两种方法在构建物流园区运营绩效的评价中，都具有保证评价结果客观、准确，减少主观因素影响的优点。模糊综合评价法得到的分析结果是一个区间值，很难更精准地发现运营中存在的问题，并且这种方法仅仅是一种短期运营的分析方法，未从园区的战略观和平衡观考虑。而BSC分析法在构建园区评价体系中不仅考虑上述两个方面，还能精准地计算出相关结果，是园区长期运营绩效的评价方法。

1. 模糊综合评价法

在物流园区运营绩效评价体系的研究中,大多研究者都采用模糊综合评价法,因为模糊综合评价法是对受到多种因素影响的事件做出比较全面分析与评价的一种有效决策方法。物流园区的双重特殊性决定它受到多种因素影响,在评价体系的构建中,存在很多定性因素,很难对这些定性因素进行量化。运用模糊综合评价法可以更好地解决定性指标定量化问题。所以,本书选取模糊综合评价分析法对物流园区经营绩效进行分析与评价。

1)模糊综合评价法定义

模糊综合评价法是指将一些边界不清、不易定量的因素定量化,即用模糊数学对受到多种因素制约的事物或对象做出一个总体的评价(倪明明,2010)。一般而言,模糊综合法具有结果清晰、系统性强的特点,并且能够较好地解决模糊的、难以量化的问题,适合各种非确定性问题的解决,物流园区兼具公益性与营利性双重特征,这就决定了在对其运营效果的评判中经济效益和社会环境效益同样重要,其中涉及许多定性指标,这些指标如果仅凭经验和知识进行判断,会受到很多主观因素的影响,导致评价结果偏离实情,因此本书在对构建物流园区运营绩效评价指标研究中,大多数都选取模糊综合评价方法。

2)模糊综合评价法原理

模糊综合评价法的工作原理是从影响问题的很多因素出发的。首先,确定被评价对象从优到若干等级的评价集合和评价指标的权重;其次,对各个指标分别做出相应模糊评价,确定隶属函数,从而形成模糊判断矩阵;最后,与权重矩阵进行模糊运算,得到定量的综合评价结果。在运用模糊综合法时,其评价结果不是一个具体数值,而是一个集合,这样可以更加准确地刻画出事物的模糊状况(王丹竹和陈佳娟,2009)。因此,模糊综合评价法的评价结果在信息质量上具有一定的优越性。在评价过程中,各项评价指标用来衡量评价对象的不同方面,最后运用对应的评价值进行评分,将结果汇总分析,以平均值为相应指标的隶属度来进行综合衡量。但是,在运用模糊综合评价法时应注意,要以最优的评价因素为基准,如果评价值为1,依据欠优程度得到相应的评价值应当小于1,并依据各类评价因素的特征,确定评价值与评价因素值之间的函数关系。需指出的是,有重点地选择评价因素,科学地确定评价值与评价因素之间的函数关系,合理地去衡量评价因素的权重是进行模糊综合评价的关键。

3)采用模糊综合评价法的优劣势

物流园区是受到多种因素影响的组织,选取模糊综合评价法对它进行总体评价,不仅具有结果清晰、系统性强的特点,还可以更好地解决模糊、难以量化的问题,使得各种非确定性的问题都能得到解决。但是,在构建物流园区运营绩效评价体系时,不仅需要结果来判定物流园区发展的优劣,还需要从各项指标中发现存在的各种问题。因此，应该从管理者角度来考虑绩效评价指标体系的构建，希望通过对于"绩效"的考核使得整个组织行动一致，都服务于物流园区的战略目标，实现物流园区的长期发展。采用模糊综合评价法评价物流园区的运营绩效只能得到一个区间值，很难让物流园区的利益主体及时发现运营中存在的问题，它仅仅只是一种短期性的分析方法，很难体现物流园区的战略观和平衡观。

2. BSC分析法

在当代西方，BSC无论是在研究理论方面，还是在实践运用方面都已经十年有余，对于企业绩效评估和战略管理无论是从全局观，还是从平衡观和战略观来看，都起到了积极的推动作用。物流园区可看成一个企业。因此，本书将应用BSC方法对其进行分析，从全局观、平衡观及战略观来构建物流园区的运营绩效评价体系。

1）BSC定义

BSC就是根据企业组织的战略要求而精心设计的指标体系，是一种绩效管理的工具，它将企业战略目标逐层次分解转化为各种具体且相互平衡的绩效考核指标体系，并对这些指标的实现状况进行不同时段的考核，从而为企业战略目标的完成建立起可靠的执行基础。BSC是由一系列财务绩效衡量指标和非财务绩效衡量指标组成，而非单纯的利润指标和投资回报率等财务指标。它还包括三类非财务绩效衡量指标：顾客导向经营绩效指标、企业内部业务衡量指标、学习创新与成长等长期性绩效衡量指标（张焱和瞿卫菁，2002）。

2）BSC原理

BSC的基本原理是以物流园区共同愿景与战略为内核，运用综合与平衡的哲学思想，依据组织结构，将物流园区的愿景与战略转化为下属各责任主体（如各事业部）在财务、顾客、内部流程、创新与学习四个方面的系列具体目标，并设置相应的四张计分卡，依据各责任部门分别在财务、顾客、内部流程、创新与学习中可具体操作的目标，设置对应的绩效评价指标，这些指标不仅与物流园区战略目标高度相关，而且是以先行与滞后两种形式，同时兼顾和平衡物流园区的长期目标和短期目标、内部利益与外部利益，综合反映战略管理绩效的财务信息与非财务信息。各主管部门与责任主体共同商定各项指标的具体评分规则。一般是将各项指标的预算值与实际值进行比较，对应不同范围的差异率，设定不同的评分值。其以综合评分的形式，定期（通常是一个季度）考核各责任部门在财务、顾客、内部流程、创新与学习四个方面的目标执行情况，及时反馈，适时调整战略偏差，或修正原定目标和评价指标，确保公司战略得以顺利与正确地实行（杜胜利，1999）。

3）采用BSC的优劣势

本书从两个维度来理解BSC的核心和优势，从"平衡"的维度考虑，它平衡了长短期衡量指标、内外部衡量指标、主客观衡量指标、物流园区纵横向的关系衡量指标、有形资产和无形资产衡量指标、成果动因的衡量指标。影响物流园区发展的因素很多，如不能正确认识，就没有正确的衡量，也就没有正确的管理和战略。而BSC正是通过观念、组织、管理等方面平衡机制的建立，有效防范失衡现象的发生，它不是将这些要素简单地罗列在一起，而是有机地挑选、整合，否则仍然还是会出现信息冗余的典型现象，最终导致平衡指标的失衡。从"战略"维度考虑，BSC成功地解决了传统评价模式中由成本和财务模式驱动的作业和管理控制系统的缺陷。传统评价模式过分地强调短期财务评价，与物流园区实现长期战略目标关联度较小。传统评价模式过分强调短期财务指标，从而在战略设计和实施上严重脱节。而BSC紧紧围绕物流园区的战略目标，将物流园区的长期战略和短期行动联系起来，通过将物流园区的战略、任务和决策转化为具体、全面、可操作的目标和指标，从而使BSC变化成评价、激励、传播、沟通、团结和学习的多功能战略管理系统。

BSC大多数运用于企业运营绩效评价体系的研究中，在物流园区运营绩效评价方面缺乏，使得BSC还存在一定的局限性。例如，各项战略目标及评价指标的确定难度较大，非财务指标量化及与非财务指标的权重比例确定困难，怎样与激励机制有机结合等相关问题。

5.4.3　物流园区运营绩效评价示例

贵阳美安物流园区是世界五百强美的集团在西南地区修建规模最大的物流基地，由它旗下的安得物流股份有限公司进行运营，位于贵阳市金阳新区金华镇收费站旁。贵阳美安物流园占地面积为221.94亩，建筑面积为6万平方米，仓库规划为5.27万平方米。该物流园区规划设计功能是配合仓储、分拣、城市配送等功能区，向客户提供全方位仓储、配送服务，具有超强的家电、快销品、汽车电子、服装、医药、汽车零部件等产品的综合服务能力。现在一期修建的两个普通仓库已投入使用，二期计划修建的立体仓库尚未建成。普通仓库投入使用初期已引进11个客户，主要向客户提供仓储、配送、装卸物流活动。

1. 贵阳美安物流园区运营绩效评价指标体系的构建

贵阳美安物流园区根据国际标准规划，配备专业的配送中心仓库和立体库，可全方位提供仓储、配送服务，并配套专业的信息化软件。该物流园区目标是弥补贵阳起步较晚的物流市场和贵州未拥有5A级物流园区的空白，可以将贵阳美安物流园区定位为提供仓配一体化服务的物流园区，本书根据该园区定位类型和发展规划，分别用模糊综合评价法和BSC分析法建立合理的指标体系。

1）基于模糊综合评价法评价指标体系的构建

贵阳美安物流园区运营时间较短，在收集信息数据方面存在较大的困难，所以在构建物流园区绩效评价指标时，应注意园区绩效评价客体众多带来的问题。本书根据该物流园区的特殊性不仅考虑了主要的绩效评价指标，还结合关键业绩指标（key performance indicator，KPI）（李双杰，2006），并参考已有的物流中心绩效评价体系（许骏等，2004），形成了该物流园区2个层次、4个一级评价指标、17个二级评价指标的运营绩效评价指标体系，如表5-1所示。

表5-1 贵阳美安物流园区绩效评价指标

成本和收益	基础设施建设费用：仓库建设费、设备购置费用、办公场所建设费
	业务运营成本：仓储成本、装卸成本、配送成本
	人力资源成本：员工工资、员工吃住费用、人才引进成本、培训费用
	业务运营收益：仓储业务收入、配送业务收入
风险	经济风险：资金风险、利率风险
	技术风险：装卸风险、搬运风险、存储风险、配送风险、各项物流活动衔接风险
	自然风险：各种不可抗力风险
	其他风险：竞争风险
质量	交货时货物的完好率=客户实际接收货物的总量/客户需求总量
	到货及时率=超出应到货时间的车辆总数/到货车辆总数
	返回单及时率=实际收到回单数量/应返回回单数量
	企业入园率=入住企业数量/规划中服务对象企业数量
	客户满意度=满意客户数量/客户总数
	问题处理率=问题得到解决的客户数量/客户投诉总数量
效率	投入产出比率=总成本/物流园区总营业额
	成本节约率=节约的成本/总成本
	货损率=货损量/货物总量
	准确及时的物流率=准确及时完成货物量/货物总量

2）基于BSC分析法评价指标体系的构建

BSC评价指标体系由财务绩效衡量指标和三类非财务指标组成，三类非财务指标包括客户导向经营绩效指标、企业内部业务衡量指标、学习创新与成长。贵阳美安物流园区是属于物流企业自建，该物流企业不仅是物流园区的提供商，还向入驻企业提供它们所需的物流活动。因该物流园区仅完成一期建设，目前只能向客户提供仓储、配送两种物流业务。根据该园区的特殊性质，本书在采用BSC分析法时，将选取以下评价指标，如表5-2所示。

表5-2 贵阳美安物流园区绩效评价指标

财务评价	投资回报率 利润率 成本降低率 各项物流活动收入百分比
客户导向型	服务过程安全可靠性 服务过程及时准确性 服务过程透明度 员工服务意识和态度 服务设施设备的充足和服务能力 服务过程中异常情况处理方式与响应速度 与我司相关部门配合性和协调性 服务过程的规范性和主动性 物流作业各项指标完成情况 服务过程中持续改善的能力 服务过程中投诉处理能力
企业内部业务衡量	每个客户收入占总收入比例 客户的结算和回款率 每个客户的运营成本 向所有客户提供物流活动的种类总数
学习、创新与成长	知识平台中知识点 员工工作环境与满意度调查 员工流失率 员工培训次数 员工提出的改善方案和建议并采用次数

3）贵阳美安物流园区运营绩效评价结果分析

根据评价指标体系和调研收集到的数据分别采用两种评价方法对贵阳美安物流园区进行分析，并对计算出来的结果加以解释。

（1）模糊综合评价法。

第一步：根据表5-2的评价指标，确定评价因素集合。设贵阳美安物流园区一级评价指标集合为

$$A=(a_1,a_2,a_3,a_4)=\{成本和收益，风险，质量，效率\}。$$

二级指标集合为

$A_1=(a_{11},a_{12},a_{13},a_{14})=\{$基础设施建设费用，业务运营成本，人力资源成本，业务运营收益$\}$；

$A_2=(a_{21},a_{22},a_{23},a_{24})=\{$经济风险，技术风险，自然风险，其他风险$\}$；

$A_3=(a_{31},a_{32},a_{33},a_{34},a_{35},a_{36})=\{$交货时货物完好率，到货及时率，返回单及时率，企业入园率，客户满意度，问题处理率$\}$；

$A_4=(a_{41},a_{42},a_{43},a_{44})=\{$投入产出比率，成本节约率，货损率，准确及时的物流率$\}$。

第二步：划分指标影响程度及评价结果的等级，建立评价集。将贵阳美安物流园区绩效等级划分为5等，即 $V=(v_1,v_2,v_3,v_4,v_5)=$（优，良，中，差，劣）。

第三步：确定各指标的相对隶属度，建立评价矩阵。根据二级指标对评价集合 V 的隶属关系，建立模糊评价矩阵 R_1、R_2、R_3 和 R_4（注：模糊评价矩阵的数据是通过德尔菲法评分给出）。

$$R_1=\begin{bmatrix} 0.2 & 0.3 & 0.3 & 0.1 & 0.1 \\ 0.2 & 0.4 & 0.2 & 0.1 & 0.1 \\ 0.3 & 0.4 & 0.2 & 0.1 & 0 \\ 0.2 & 0.3 & 0.3 & 0.1 & 0.1 \end{bmatrix},\quad R_2=\begin{bmatrix} 0.3 & 0.3 & 0.2 & 0.2 & 0 \\ 0.2 & 0.3 & 0.2 & 0.2 & 0.1 \\ 0.1 & 0.4 & 0.3 & 0.1 & 0.1 \\ 0.2 & 0.3 & 0.2 & 0.2 & 0.1 \end{bmatrix},$$

$$R_3=\begin{bmatrix} 0.3 & 0.3 & 0.2 & 0.1 & 0.1 \\ 0.3 & 0.4 & 0.2 & 0.1 & 0 \\ 0.2 & 0.3 & 0.3 & 0.1 & 0.1 \\ 0.1 & 0.3 & 0.4 & 0.1 & 0.1 \\ 0.2 & 0.4 & 0.3 & 0.1 & 0 \\ 0.1 & 0.3 & 0.3 & 0.2 & 0.1 \end{bmatrix},\quad R_4=\begin{bmatrix} 0.1 & 0.2 & 0.2 & 0.4 & 0.1 \\ 0.2 & 0.2 & 0.3 & 0.2 & 0.1 \\ 0 & 0.3 & 0.3 & 0.3 & 0.1 \\ 0.3 & 0.4 & 0.2 & 0.1 & 0 \end{bmatrix}。$$

第四步：确定各评价因素的权重。构造一级评价指标间两两比较判断矩阵 B，二级指标的判断矩阵分别记为 B_1,B_2,B_3,B_4 通过判断矩阵确定各指标的权重（刘兴太等，2008）。比较等级划分及标度如表5-3所示。

表5-3　两两比较的等级划分及其标度

含义	标度
表示两个指标相比，具有同样重要性	1
表示两个指标相比，前者比后者稍微重要	3
表示两个指标相比，前者比后者明显重要	5
表示两个指标相比，前者比后者强烈重要	7
表示两个指标相比，前者比后者极端重要	9
表示上述相邻判断中间值，重要程度分别介于1，3，5，7，9之间	2，4，6，8
如表示 i 与指标 j 的重要性之比为 a_{ij}，则指标 j 与指标 i 重要性之比为 $a_{ji}=1/a_{ij}$	上述各数的倒数

设一级评价指标权重为 $W=(W_1,W_2,W_3,W_4)$，采用连乘开方法确定各绩效评价因素的权重，具体如表5-4所示。

表5-4　一级指标判断矩阵

B	A_1	A_2	A_3	A_4	W
A_1	1	2	3	4	0.45
A_2	1/2	1	2	5	0.32
A_3	1/3	1/2	1	2	0.16
A_4	1/4	1/5	1/2	1	0.07

$$A_1 = (1 \times 2 \times 3 \times 4)^{1/4} \approx 2.21, \quad A_2 = (1/2 \times 1 \times 2 \times 5)^{1/4} \approx 1.50$$

$$A_3 = (1/3 \times 1/2 \times 1 \times 2)^{1/4} \approx 0.76, \quad A_4 = (1/4 \times 1/5 \times 1/2 \times 1)^{1/4} \approx 0.40$$

$$W_{A_1} = 2.21/(2.21 + 1.5 + 0.76 + 0.4) = 0.45$$

$$W_{A_2} = 1.5/(2.21 + 1.5 + 0.76 + 0.4) = 0.32$$

$$W_{A_3} = 0.76/(2.21 + 1.5 + 0.76 + 0.4) = 0.16$$

$$W_{A_4} = 0.4/(2.21 + 1.5 + 0.76 + 0.4) = 0.07$$

依此类推，计算出二级指标的权重，如表5-5~表5-8所示。

表5-5　二级指标判断矩阵（一）

B_1	a_{11}	a_{12}	a_{13}	a_{14}	W_1
a_{11}	1	3	3	4	0.50
a_{12}	1/3	1	2	3	0.25
a_{13}	1/3	1/2	1	3	0.17
a_{14}	1/4	1/3	1/3	1	0.08

表5-6　二级指标判断矩阵（二）

B_2	a_{21}	a_{22}	a_{23}	a_{24}	W_2
a_{21}	1	2	4	5	0.49
a_{22}	1/2	1	3	4	0.31
a_{23}	1/4	1/3	1	2	0.12
a_{24}	1/5	1/4	1/2	1	0.08

表5-7　二级指标判断矩阵（三）

B_3	a_{31}	a_{32}	a_{33}	a_{34}	a_{35}	a_{36}	W_3
a_{31}	1	3	5	2	2	4	0.35
a_{32}	1/3	1	3	2	2	4	0.23
a_{33}	1/5	1/3	1	1	2	1	0.11
a_{34}	1/2	1/2	1	1	3	4	0.17
a_{35}	1/2	1/2	1/2	1/3	1	2	0.09
a_{36}	1/4	1/4	1	1/4	1/2	1	0.05

表5-8　二级指标判断矩阵（四）

B_4	a_{41}	a_{42}	a_{43}	a_{44}	W_4
a_{41}	1	2	3	3	0.45
a_{42}	1/2	1	1	2	0.22
a_{43}	1/3	1	1	3	0.22
a_{44}	1/3	1/2	1/3	1	0.11

第五步：计算评价结果向量0，"o"表示合成计算，先取最小，后取最大。则有

$$W_1 = (0.50, 0.25, 0.17, 0.08),$$
$$0_1 = W_1 o R_1 = (0.2, 0.3, 0.3, 0.1, 0.1)。$$

向量0_1表示该物流园区成本与收益指标良好和中等程度所占比例最高，都为30%。依此类推，求出其他各项指标的相关数据。

$0_2 = W_2 o R_2 = (0.27, 0.27, 0.18, 0.18, 0.1)$，向量$0_2$表示该物流园区风险指标优秀和良好程度所占比例最高，都为27%。

$0_3 = W_3 o R_3 = (0.3, 0.3, 0.2, 0.1, 0.1)$，向量$0_3$表示该物流园区质量指标优秀和良好程度所占比例最高，都为30%。

$0_4 = W_4 o R_4 = (0.18, 0.19, 0.19, 0.35, 0.09)$，向量$0_4$表示该物流园区效率指标差的程度所占比例最高，为35%。

这样得到 $0 = \begin{bmatrix} 0.2 & 0.3 & 0.3 & 0.1 & 0.1 \\ 0.27 & 0.27 & 0.18 & 0.18 & 0.1 \\ 0.3 & 0.3 & 0.2 & 0.1 & 0.1 \\ 0.18 & 0.18 & 0.19 & 0.35 & 0.09 \end{bmatrix}$，

由 $W = (0.45, 0.32, 0.16, 0.07)$，有 $O = W o 0 = (0.23, 0.26, 0.26, 0.16, 0.09)$。

向量O表示该物流园区各指标综合良好和中等程度所占比例最高，都为26%。

采用模糊综合评价法分析贵阳美安物流园，根据最大隶属度原则，结果显示该物流园区的绩效指标综合评价等级良好和中等程度所占比例最高，都为26%，表示经营状况处于良好和中等间。该物流园区风险和客户服务质量指标优秀和良好所占的比例都为最高，分别是27%和30%，表示该物流园区有效控制风险的同时，还为客户提供优质服务质量。因该物流园区二期工程还在建设中，一期也是刚投入使用，在成本控制、效率与经济收益方面运营状况较差。特别是效率方面，处于较差程度所占的比例高达35%。现在该物流园区处于建设投入时期，投入与产出的营业额比例较低，成本方面没得到有效的控制。该物流园区入驻的客户大多主营家电，应加强减少货物的货损率和提高物流活动的准确及时性。

（2）BSC分析法。

在实施BSC分析法过程中，根据制定的四类指标制定四张平衡表，如表5-9~表5-13所示，成立了BSC小组或委员会，解释公司的使命、远见与战略，并建立四张平衡表中每个指标的具体目标。观察并记录该物流园区对于每个指标具体实际运营的结果，通过对目标完成度来发现公司运营中出现的问题，并不断改进公司的发展策略。

表5-9　财务指标（单位：%）

绩效指标	计划目标	实际运营结果
投资回报率	—	—
利润率	—	—
成本降低率	2	0.7
各项物流活动收入百分比	60（仓储）40（配送）	78（仓储）22（配送）

注：因该物流园区刚投入使用，并还在二期工程的建设中，无法计算投资回报率和利润率

表5-10　客户导向型指标（单位：%）

绩效指标	计划目标	实际运营结果
安全可靠性	100	81.82
及时准确性	100	72.78
透明度	100	100
服务意识和态度	100	81.82
设施设备充足和服务能力	100	54.55
异常情况处理方式与响应速度	100	63.64
配合性和协调性	100	72.78
规范性和主动性	100	90.91
物流作业各项指标完成情况	100	63.64
持续改善能力	100	81.82
投诉处理能力	100	63.64

注：该表各衡量指标参照安得物流的客户满意调查表[①]，实际运营结果是通过调查表结果计算出来的比率

表5-11　企业内部衡量指标

绩效指标	计划目标	实际运营结果
每个客户收入占总收入比例	见表5-12	见表5-12
客户的结算和回款率	100	64
每个客户的运营成本占总成本比例	见表5-12	见表5-12
向所有客户提供物流活动的种类总数	33	24

---

① 客户满意调查表为贵阳安得内部资料。

表5-12   每个客户的收入与运营成本占总收入与总成本比例（单位：%）

客户名称	计划目标(收入)	实际运营结果（收入）	计划目标（运营成本）	实际运营结果（运营成本）
博西	18	23	22	24
奇业	12	16	13	8
金锣	13	18	9	7
西南华日	8	4	6	5
移动	10	2	20	23
朋乐	4	1	3	4
聚能	5	2	3	4
利达丰华	5	6	2	1
中电	4	3	3	4
茅台	10	10	10	10
中航	11	15	9	10

注：表中各数据参考安得物流贵阳分公司绩效考核相关资料

表5-13   学习、创新与成长

绩效指标	计划目标	实际运营结果
知识平台中知识点数	150/员工	167/员工
员工工作环境与满意度调查	98%	70.83%
员工流失率	2%	1%
员工培训次数	20	12
员工提出的改善方案和建议并采用次数	48	62

注：表数据是参考安得物流贵阳分公司员工考核相关资料

通过运用BSC分析法，根据表5-9中各项物流活动收入所占比例和表5-12中移动、朋乐等客户的计划收入成本和实际运营收入成本相比较，可得知贵阳美安物流园区向客户提供的物流活动较单一，未合理利用资源，资源闲置严重。在以后园区的发展战略中，应考虑增加物流活动，如运输、信息管理等业务。对客户进行整合，充分使用资源，不仅起到节约成本的作用，还可以获取更多的利润。在客户满意度中，物流基础设备设施方面有待提高，操作方面应严格执行园区的相关规定和制度，更加标准化、规范化。该园区管理者重视员工学习、创新与成长，这些为园区的长远发展建立了稳定基础。

综上所述，要加快物流园区的发展，并让物流园区给社会创造更多的价值，不仅需要制定科学的物流园区发展规划，国家在政策上给予大力支持并制定相应的法律法规，加强人才培养，更重要的是要尽快构建物流园区评价体系。本书通过两种评价方法的应用，并以美安物流园区为对象进行实例分析。结果表明，采用模糊综合评价法，具有结果清晰、系统性强的特点，可以很好地解决模糊、难以量化的问题，使得各种非确定性问题都能得到解决。但这种评价方法着眼于短期评价，未考虑到园区长远发展，得到的值为一个集合，评价结果不够精确。而用BSC法对物流园区的运营绩效进行评价，它的全局观、平衡观和战略观在企业绩效评估方面、战略管理方面均起到了积极的作用。但它也存在一定的局限性，对于非财务指标的建立往往很难，并且对于衡量指标很难去做到量化。鉴于此，物流园区运营绩效综合采用多种方法进行有效评价，模糊分析法可以糅合到BSC分析法中，对于非财务指标的量化，可以采用模糊分析法，根据模糊综合分析法得到的结果运用到BSC的基本原理中。短期物流园区运营绩效评价可以尝试采用模糊综合分析法，因为如果使BSC在运用中规则化，发挥很好的效用，需要耗费大量的时间和资源。不同类型物流园区战略规划是不同的，只有根据自己物流园区的类型和战略规划等方面来制定各项衡量指标和对应的目标，选取适合园区规划发展的一种或多种并用的评价方法，探索出一套与该物流园区运营相适应的绩效评价体系，才能对物流园区的发展壮大起到非常大的引导作用。

5.5 推动物流园区协同运作模式的建立

物流园区是多种物流设施和不同类型物流企业在空间上集中布局的场所，是具有一定规模和综合服务功能的特定区域，是多个物流中心（至少两个）的空间集聚载体（黄世政和蔡宪唐，2014），是运输企业、加工企业、仓储企业等农产品物流组织和物流设施聚集在一起所形成的集散地。其主要功能包括产品运输的集散、组织运输及多式联运、交易、管理服务、网络信息、价格形成、仓储、加工、交易结算等（孟蝶和韦恒，2008）。有些大型物流园区还具有参观、行业交流等功能。物流园区的建立将减少大型物流中心在城市中心分布对城市交通、环境、城市规划等造成的不利影响，同时因物流中心聚集获得规模效应，降低成本，提高时效。由于物流园区的功能多，入驻企业的类型多且数量大，为了提高物流园区的整体运营效率，客观要求物流园区各参与主体进行合作。显然，如何在物流园区内部进行资源整合、加强物流园区之间协同运作具有较强的现实意义和理论价值。本书以贵阳GDL农产品物流园区为例，在对贵阳GDL农产品物流园协同运作的作用和价值进行分析的基础上，提出农产品物流园区协同运作的思路和模式，为其他类型物流园区协同运作提供一些参考思路。

5.5.1 GDL农产品物流园区协同运作的作用和价值分析

贵阳GDL农产品物流园区由香港某集团投资建设，位于贵阳X001县道上，紧靠贵阳环城高速公路南环线，与贵昆铁路石板哨车站相临，交通非常便利。

物流园区占地面积为900亩，总投资预计为10亿元，其建设内容主要包括：①果蔬交易区，涉及果蔬交易库、配货区、精品水果交易区、地产蔬菜交易区、社会车辆停车场；②水产蛋禽、干货交易区，涉及海鲜、水产、小食品、蛋禽、干货仓储；③商务服务区，涉及汽车旅馆、检验检疫中心、结算中心、网络中心、监控中心、信息发布中心和办公区；④冷库区，涉及低温库和恒温库等。GDL物流园区全面建成后，将承担贵阳市市民90%果蔬、食品等的供应，辐射贵州省80%以上的地区。据统计，2013年该物流园区年成交额为75亿元，总交易量为160万吨左右。由于物流园区的参与者众多，包括农户、生产基地、大型批发商、二级批发商、大型超市和散户、物流园区管理方和物流企业等众多参与者，如何实现农产品从生产者向消费者的高效转移，客观要求对众多参与者进行整合，形成强大的面向终端顾客的供应能力，农产品物流园区协同运作的作用与价值具体表现为以下几方面。

1. 农产品物流园区协同运作有利于应对激烈的市场竞争

农产品流通分为市场内流通和市场外流通（闫华红，2007）。市场内流通是指农产品从产地经过多级批发市场到达消费者市场，其中农产品物流园区是市场内农产品流通渠道的一级结点。市场外流通是指通过大型超市或者农产品销售点与农产品生产基地建立紧密合作关系，实现农产品产销一体化。农产品市场外流通最显著的特点是流通环节较少，直接从产地到卖场再到消费者，减少了流通时间并能较好地保证农产品的质量。而经过农产品物流园区的市场内农产品流通则表现为中间环节较多、流通时间较长、农产品损耗较大、运营成本较高。为此，政府为了解决民生问题，在促进农产品物流园区发展的同时也在大力推动农产品市场外流通。图5-1表明贵阳大型超市，如永辉超市、沃尔玛、北京华联等纷纷建立起自身的农产品产销系统，通过和农产品生产基地合作实现产销一体化。小型超市也在政府扶持下建立起生鲜直销点，如贵阳智诚超市生鲜直销点和其他社区生鲜直销点。根据国外农产品市场发展演变规律，农产品在市场外流通量会越来越大。在农产品市场流通总量一定的情况下，农产品市场外流通量的增加势必会减少市场内流通量，压缩了农产品物流园区的生存空间。这种变化趋势要求农产品物流园区突出自身特有的功能和作用，才能不被市场所淘汰，才能在激烈市场竞争中发展和壮大。同时，相近功能的农产品物流园，如都匀农产品物流园区、双龙物流园区、遵义新雪域农产品物流园区等不断新建，这也加剧了园区之间的竞争。显然，GDL物流园区要建成快速、高效的农产品市场内流通渠道，就需加强各环节合作。推动农产品物流园区协同运作是提高农产品物流园区运营效率、降低运营成本的突破口。

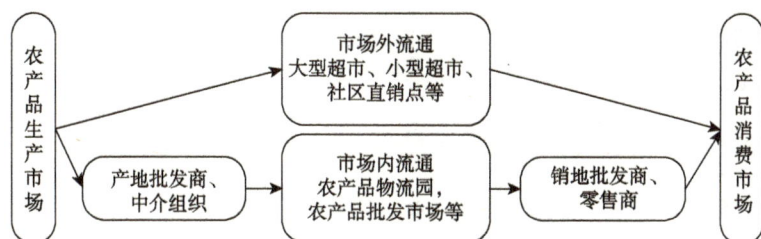

图 5-1　贵阳农产品的流通渠道

2. 农产品物流园区协同运作有利于快速响应消费者需求变化

随着人们生活水平的提高，人们对生活质量提出了更高的要求，消费者不仅要求物流园区提供的农产品价格合理，而且要求农产品的质量和服务有保证，如目前消费者对农产品是否新鲜、是否安全卫生关注度比较高。考虑到大部分农产品对运输、仓储条件有一定的要求，如何做到高效的运输和适当的存储，使农产品损耗最少、物流运作成本最低，并通过流通加工提高其附加值，这是农产品物流园区当前面临的挑战。从输入端看，贵州作为一个内陆省，城市所需的大量蔬菜和水果需通过公路运输从省外调进农产品物流园区，运输距离长，运输时间长，出现耗损可能性大。从输出端看，汇集的农产品通过物流园区向全省分拨，由于省内冷链物流发展相对迟缓，农产品加工业欠发达等问题都制约着农产品安全、保质保量地到达消费者手中。显然，如何有效地管控农产品流通的全过程，使其以较低成本、保质保量到达消费者手中，客观要求农产品物流园区的经营者通盘考虑农产品流通过程的整体运作，在保证农产品质量的前提下，着眼于降低物流园区及相关参与者的整体运作成本。

3. 农产品物流园区协同运作有利于向从业者提供更高效的公共服务

进入GDL物流园区经营水果和蔬菜的商家有1 000多户，这些商家之所以愿意从原来的水果蔬菜批发市场进驻物流园区，一方面是因为旧城改造的客观要求，另一方面是适应贵阳市大型农副产品批发市场升级和产业转移的需要。但是，最重要的是，它们入驻物流园区后，仍期待依旧像以前一样能赚钱，并且能赚更多的钱。物流园区经营者不仅向商户提供交易区、冷库等硬件经营平台，还向商户提供电子交易系统、结算系统、信息系统、检验检疫系统等软件系统的支持，大大提高了物流资源的利用效率和业务的运作效率，同时降低了各商家的经营成本。显然，整体降低物流园区总体运营成本，实现物流园区经营者、入驻商户及其他参与者共同发展、共同赢利，这些将成为农产品物流园区协同运作的内在动力。

农产品流通渠道的竞争、消费者生活水平的提高、各参与主体营利能力提升的诉求都要求农产品物流园区对其发展和经营模式做相应的调整。分析表明，仅靠农产品物流园区经营者自身的管理变革和技术革新已经不能从根本上解决当前它所面临的压力和问题，应当将解决问题的焦点放到园区管理方内部、园区管理方与入驻企业之间、企业与企业之间协作关系的建立上。

5.5.2 GDL农产品物流园区协同运作的方向和途径

为提升GDL农产品物流园区的综合竞争能力和营利能力，本书建议GDL物流园区协同运作的方向和途径如下所示。

1. 基于供应链管理的物流园区协同运作

供应链管理强调打造企业的核心竞争力，其主导思想是：企业应将非核心业务外包给具有比较优势的相关企业，并通过网络信息平台实现企业间信息的共享和集成。目前，GDL物流园区没有很好地从供应链视角审视其业务，对其核心业务进行清晰界定。从园区基础设施建设、维护到仓储，从加工到配送运输，小到园区安保大到园区市场开发，园区都会投入大量的资源和精力，存在资源投入分散、资源投入产出效果不明显等问题。因此，有必要对GDL物流园区核心业务做清晰界定。目前，物流园区的主要业务包括仓储、中转调配、信息处理、平台交易、采购运输、销售运输、产品加工、采购、销售、产品服务、信息服务等。结合该物流园区的发展定位和愿景——贵州省最大、西南一流、影响全国的大型农产品经营贸易物流园交易中心，GDL物流园区应将核心业务定位在采购、仓储、平台交易、中转调度等业务，其他非核心业务全部外包或部分外包。例如，采购运输等可以外包给农产品产地或是第三方物流企业。采购需求由物流园区提供，由外包方提供采购运输服务。类似地，销售运输、产品服务等外包给本地的多个销售和运输企业来完成。信息平台、产品加工等基于自身实力和重要性考虑，可以和有实力的企业进行共同开发而不是全部外包。通过对物流园区供应链管理业务流程进行分析，依据各业务对物流园区发展的影响及其附加值的高低，对园区业务进行分类管理与运作，以提升物流园区的竞争力和经济效益。

2. 基于金融合作的农产品物流园区协同运作

物流园区的建设发展离不开大规模的资金投入，GDL物流园区也不例外。同样，入驻物流园区的商家为将其业务做大做强，也离不开资金的支持。显然，无论对物流园区本身还是入驻的商家，都有较大资金的需求。如何提高整个园区运营资金周转效率是一个迫切需要解决的问题，相应地如何解决物流园区及商家的融资问题就提上了议事日程。资料显示，钢材、矿石等物流园区由于其经营产品的变现能力强，不易变质和贬值等特点，通过与相关金融机构合作，提供了多种形式的仓单质押金融服务，破解物流园区及入驻商家融资难的问题。但是，由于农产品大多存在价值低、变现难、易变质、价格波动大等问题，金融机构往往不愿将农产品作为质押物开展物流金融业务。与一般的专门负责农产品存储的物流企业相比，农产品物流园区不仅提供仓储服务，还提供农产品的平台交易功能，对农产品的市场行情和销售渠道有较为准确的把握。鉴于此，有理由认为农产品物流园区可以借助其专业经验与金融机构开展金融合作，解决园区及入驻商户的融资难问题。具体来讲，农产品物流园区以其固定资产等作为担保，并向合作的金融机构取得一定的贷款授信额度，然后根据入驻商户的实际经营状况，向入驻商户开展基于农产品的动产质押业务。与一般仓储企业相比，物流园区除了对质押货物进行看管和控制外，当商户不能按期还款时，农产品物流园区还能很快地对质押货物进行销售和变现。很明显，基于对农产品市场的了解，农产品物流园区能将借贷风险控制在可接受的范围内，这样既能解决商户因农产品易变质、不易变现、价格波动而不能质押贷款的问题，也为金融机构安全放贷提供一条安全通道，当然也为物流园区增加了一项高附值的盈利业务，实现多方共赢的局面。

3. 基于网络信息平台的农产品物流园区协同运作

网络信息平台是现代企业不可或缺的重要组成部分，是农产品物流园区未来发展的重要保障。不论环境如何变化，通过网络信息平台进行更快捷、更准确的信息传输交换是物流园区健康发展的客观要求，无论企业内部管理还是企业间的业务往来都离不开网络信息平台的支持。目前，网络平台建设已经有了较为成熟的供应市场，网络平台开发在技术上不存在太大的障碍。网络平台建设的难点在于如何建立基于网络平台的合作信任机制，即物流园区各参与方如何共同应用网络信息平台的问题。目前，GDL物流园区已建立了网络信息平台，但网络信息平台的共享程度有限，只限于物流园区内部的企划部、仓储部、配送部、财务部及物流园区的供应商和客户的使用，而其他物流园区的其他参与者，如政府服务部门、金融机构、物流企业及普通消费者物流园区信息平台没有提供相应的信息接口。鉴于此，农产品物流园区应建立其特有的网络协作机制，在网络平台上实现农产品物流园区各相关企业需求信息的发布和查询，并实现采购、运输、仓储、加工、市场、交易、货款等信息的在线追踪和处理。同时，通过网络平台还能帮助金融机构完成物流园区相关企业信息的采集和储存，如贷款的申请及调拨、企业信用管理及更新等。与此同时，在市场开发和面向消费者时，网络信息平台还可以提供价格展示、收集、交易、货款结算等功能。在进行报关、报税、工商管理、保险等工作时，网络信息平台也会起到信息传输作用并最终在网上完成相关业务，从根本上提升物流园区及入驻企业的运营效率，降低其运作成本。总之，农产品物流园区网络信息平台应包括的主要功能如图5-2所示。

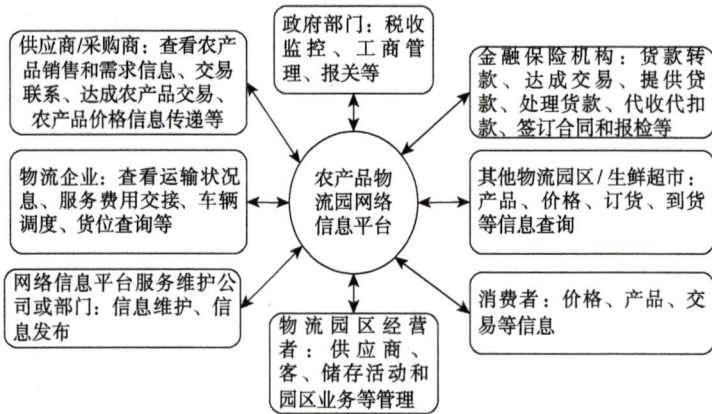

图 5-2 农产品物流园区网络信息平台的功能

4. 基于交易网络的农产品物流园区协同运作

本书中交易网络包括两个层面：①由位于不同区域的物流园区所形成的交易网络。对于GDL物流园来讲，其他隶属于其香港总部的农产品物流园可能成为其特定调剂农产品或特定地域农产品的供应点。当然，GDL物流园同样也是面向全国的农产品供应点。通过GDL物流园区，可将贵州特色蔬菜和水果推向全国市场甚至海外市场。显然，要做到这一点，离不开园区之间信息的共享。同时，众多物流园区联合向特定生产基地采购，不仅可以促进生产基地所在地的经济发展，也可以由于成本节余而创造巨大的网络收益。②由物流园区与其覆盖区域社区生鲜超市形成的交易网络。借助GDL物流园区，在社区生鲜超市进行蔬菜、水果等生鲜食品的平价或低价销售。社区生鲜超市由不同营业面积的旗舰店、大型店、中型店和小型店组成，这些超市均由集团控股的连锁有限公司直营且控股100%，2014年该公司计划在贵阳开设40家生鲜超市，至2015年年底在贵阳开设200家。可以预见，当物流与终端生鲜超市连接成一体化的庞大供应网络时，农产品由物流园区向终端消费者转移的中园区间环节将大幅度减少，有效地降低蔬菜水果价格，不仅惠及广大市民，还大大提升物流园区的盈利空间。

5.6 加强物流园区运营的全流程管理

物流园区的运营管理主要包括：物流园区的前期规划建设管理；物流园区投入运营后的经营管理；为入驻企业提供各种配套服务。前期的规划建设管理主要包括园区选址、定位分析等；物流园区的经营管理主要包括园区招商、管理与维护及安全监管等；为入驻企业提供各种配套服务主要包括文化娱乐、餐饮、住宿等（韩兰兰，2010）。一旦物流园区建成后，其自身的竞争力，关键在于物流园区后期的经营管理。为了更好地反映运营管理对物流园区发展的重要意义和重要价值，本书以贵阳CZ物流园区为例来进行说明。

5.6.1　贵阳CZ物流园区的基本概况

贵阳CZ物流园区是贵州CZ物流有限责任公司园区基地，位于观山湖新区金华镇，并地处贵黄高速、环城高速交界处，同时距离沪昆高速及321国道、宾阳大道较近，具有良好的区位优势和便捷的交通条件。该物流园区依托贵阳西南商贸城，紧邻金阳客车站，拥有较稳定的物流需求，对外交通便捷，便于园区物资集散。现阶段CZ物流园区主要盈利方式来自于园区仓库出租、物流设施设备出租及为进驻园区的物流企业提供区域性的货物配送。目前，CZ物流园区入驻率较为乐观，达到80%以上，在招商方面做得很好，为园区创造了显著的经济效益。

该物流园区配套服务功能不完善，如当客户需要对包装进行重新换装时，园区不能提供该项业务，导致客户的产品不能运走，只能无包装地返回原处，这样不仅有损客户的经济利益，同时也降低了园区客户的满意度。同样，园区在为客户管理货物上也存在不足，如因仓库漏水而导致客户货物受损，但是园区管理者往往直到客户发货时才发现货物出现损坏。

CZ物流园区主要为成都JS营销有限公司进行货物的集散，在这条供应链中CZ物流园区的上游客户是成都JS营销有限公司的核心企业松下电器，而下游客户是JS营销有限公司的零售商，主要包括国美和苏宁，以及一些门店和消费者。CZ物流园区为分销商JS公司提供家电的存储、管理、装卸搬运及配送服务，在这条供应链中CZ物流园区起着至关重要的作用。

5.6.2　贵阳CZ物流园区现有功能分析

1. 仓储、配送功能

CZ物流园区为了满足客户需求，进行了仓储基础建设，入驻园区的企业可以通过租赁园区仓储区来保证原材料、零部件、半成品及产成品的稳定供给，从而提高物流效率和降低物流成本。CZ物流园区还具有终端配送功能，为入驻园区的物流企业提供所需的短、长途配送服务，而该物流园区的长途配送仅限于在省内的配送。

2. 装卸搬运功能

以满足客户需求，CZ物流园区配备了各种装卸搬运器械，以及工作人员，使入驻物流园区企业的货物能够及时地装卸搬运，保证客户货物的流转畅通，以免货物滞留而影响入驻园区的企业的经济效益。

5.6.3　贵阳CZ物流园区主要业务分析

CZ物流园区主要业务是围绕目标客户而进行一系列的功能定位,园区目前拥有两大主要业务:为客户提供仓储和配送业务,这两大业务目前是CZ物流园区的主要收入来源。下面将对两大业务流程进行分析。

1. 仓储业务流程

CZ物流园区存储货物主要包括家电、鞋、铁质材料等。主要流程如下:首先,货物通过公路运输到达园区。到达园区的货物管理又分为两种,一种由园区管理者进行分类存储;另一种由入住园区的企业自行进行分类存储。对于由园区管理者进行分类存储的货物,货物进入园区后由园区管理者按照货物的种类和特点,直接运送至仓储区分类存储。可是,因CZ物流园区没有中转区,有需返仓的货物就直接运送至仓储区,与仓储区的正品堆放在一起,没有明确分类返仓区与正品的堆放区。CZ物流园区仓储业务流程如图5-3所示。

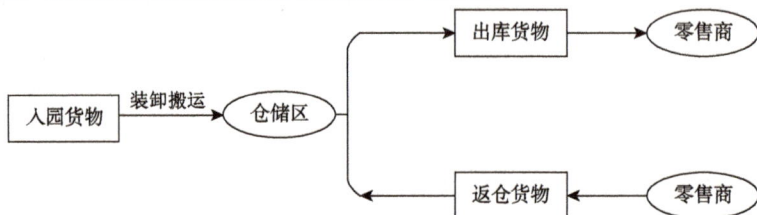

图 5-3　CZ 物流园区仓储业务流程

本书中,入园货物代表入驻园区企业的货物。其次,当货物进入园区后经过园区搬运工的装卸搬运进入仓储区,进入仓储区的货物根据客户要求进行配送到零售商。如果发现货物有包装破损或质量有问题,便将有问题的货物运回至仓储区,返回货物就与没有问题的货物同时存放在一个仓库里。

2. 配送业务流程

CZ物流园区主要为园区的JS营销公司提供配送业务,而配送的货物主要以大型家电为主。其主要流程表现为:JS营销有限公司通过ERP系统与CZ物流园区的营运部门联系,然后营运部门将货物配送给零售商,具体流程如图5-4所示。需指出的是,CZ物流园区没有拥有操作ERP系统的自主权,双方并没有实现信息共享,使得CZ物流园区只能通过ERP系统获知每天的订单需求,并打印订单,但并不知道仓库中库存量、型号等相关信息。

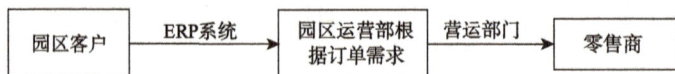

图 5-4　CZ 物流园区配送业务流程

这里，园区根据客户要求直接从仓储区将货物运送至零售商处，CZ物流园区没有特定的配送区和中转区。

3. CZ物流园区布局

CZ物流园区内部布局主要是由一条主要道路构成的。仓储区依托该主要道路来修建，使园区内车辆、装卸搬运工具得以在物流园区内部快速移动；园区内建有办公区、综合服务区、停车区和车辆修理区；该物流园区的入口与出口在同一个位置，没有将进口与出口分离出来，进出车辆不能同时进行。当车辆进出园区时必须暂停，需等到园区的保卫科对车辆进行登记检查后才能放行；园区出入口位置不好且很狭窄，当大型车辆进入园区时，有时会耗时20多分钟甚至半小时，因为进入园区时很困难，要不停地调整方位才能进入；园区中没有特别规划车辆通道和人行道，不能保证车辆及行人安全；园区的道路出现破损，而且有大部分道路没有硬化。CZ物流园区虽然地处交通要道，但是园区的位置较低，且依山而建，旁边还有一个较大但已废弃的池塘，排水系统不完善，而且园区排水系统的终点就是废弃的池塘，所以每当雨季到来时，园区仓库会被水淹没而造成损失。

CZ物流园区现有布局如图5-5所示。

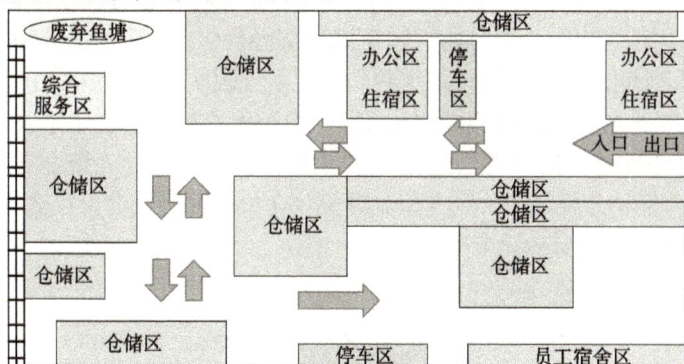

图 5-5　CZ 物流园区现有布局

需指出的是，园区并不是一个长方形，只为制图方便做此处理。图5-5箭头表示进出园区的路线；紧靠综合服务区的长方形为山体，且CZ物流园区的部分仓库相距山体很近；椭圆形为废弃池塘，废弃池塘与园区的仓库距离很近，同时园区的位置地势较低，周围的排水系统都延伸到废弃池塘；图中综合服务区包括：园区食堂、园区入驻企业的住宿；园区出入口是一个45℃的斜坡。

4. CZ物流园区安全管理分析

CZ物流园区的安全管理方面，主要是由CZ物流园区的保卫室来进行管理的。管理的主要内容包括对进入园区的车辆进行登记，检查车辆所运送货物的订单是否为违禁品及易燃易爆等。园区在仓库的安全管理上没有专人负责，没有安排园区保卫人员进入仓库区检查是否有违禁品、易燃易爆物品，也没有对员工或者入园企业的工作人员检查是否有吸烟现象。在安全管理上，CZ物流园区很多管理者对此视而不见，这些都为园区留下了安全隐患。而距离CZ物流园区很近的宏泰物流园区对于安全管理却异常重视，将对CZ物流园区形成强有力的竞争。宏泰物流园在安全管理上不仅成立了专门的部门安保部，而且还专门成立运营部对安保部进行监管，同时还对园区的安全管理进行检查。

5.6.4 贵阳CZ物流园区运营管理存在的问题

物流园区是资金流、物流和信息流的汇集地，同时也是一个回收期较长的项目，如果其内部布局（经营环境）与功能定位不合理，则园区的投资成本可能要经过10年甚至20年才能收回。通过对CZ物流园区运营管理分析发现，园区运营管理存在诸多问题，这些问题导致该园区经济效益低下。这些问题具体表现为以下几方面。

1. 物流园区延伸功能缺失

CZ物流园区对当前在供应链的定位模糊。通过对CZ物流园区功能分析发现，CZ物流园区已有的功能几乎是所有物流园区都能提供的，这些服务和功能发展较为成熟，利润较低。如果仅仅具备这些功能，物流园区显然没有竞争优势。因此，CZ物流园区应该充分考虑周边的物流需求、贵阳市的经济发展水平及实际的市场需求，进行合理的规划，并开发适合自身发展的增值业务，如资金结算、物流咨询培训服务、商贸会展培训、保税物流服务、仓单质押功能等，打造其竞争优势。

2. 园区内部布局不合理

根据图5-5可知，CZ物流园区内部布局不够合理。由于园区主要存储和配送的为大型家电，装卸搬运难度较大，客观需要设置配送区。同时，CZ物流园区有相当部分的家电只是临时存储，需要中转，而园区只有仓储区、停车场区、办公事务区、综合服务区而无装卸搬运区域、配送区域、中转区域。根据物流园区货物量及客户的需求，该物流园区应在现有基础上建立中转区和配送区。由于仓储的建设紧邻道路，很多时候装卸搬运都是占道，其他车辆不能通行，进入园区的通道和出园区的通道没有分开，道路狭窄。园区内部道路无相应的标志标线及辅助设施，也没有相应的作业区域和作业停靠区域，造成很多时候通行与作业相冲突，不能实现快速、安全的物流作业。

3. 园区安全管理制度不够健全

CZ物流园区在货物的装卸搬运过程中出现员工吸烟的现象，并且是在仓库中吸烟，在搬运时也在吸烟；园区没有成立安保部门，需安保部门不间断地对整个园区的仓库进行安全检查，检查是否有违禁品、易燃易爆物品；物流园区提供相应的装卸搬运器械和工作人员，但是工作人员在装卸搬运过程中对货物的保护不够积极，出现货物破损严重，影响客户的经济效益，同时也给入驻企业与园区管理者带来不必要的麻烦。

5.6.5　贵阳CZ物流园区运营管理的对策建议

1. 重新对CZ物流园区功能进行定位

通过以上系统性的分析及得出的结论，可以帮助我们重新对CZ物流园区进行功能定位。通过对贵阳市周边现有的其他物流园区（如宏泰物流园区）进行调查，并与CZ物流园区进行比较发现，CZ物流园区应加强集中中转、配套服务和信息服务三大功能，突出自身的特点，合理配置优势资源，以发挥最大效用。具体表现为以下几方面。

1）集中中转功能

通过对上述的分析发现，CZ物流园区主要为JS营销有限公司进行家电在贵州地区的集散，服务范围较为宽广，但园区内没有中转区，因此该园区需要增加中转区来进行货物的顺利集散。当物流园区增加中转功能后，上游的生产企业将货物运送至园区时，园区就不用将所有货物再搬运至仓储区，可以根据JS公司的客户订单需求化整为零或者集零为整，将货物配送至零售商及消费者，以此来完成货物的集散作业。这样，不仅简化了配送流程还节约了配送成本，加快了货物在供应链上的周转速度。

2）配套服务功能

由上述分析可知，CZ物流园区不能为客户进行包装整理、条形码印制、加贴标签、换装、组装和加固等服务。当客户需要这些功能业务时园区不能提供，这样不仅会影响园区客户的经济效益还会影响园区与客户之间的关系。因此，园区应该增加配套服务功能，这样不仅可以解决客户的需求，同时还能增加物流商品的附加值，增加该园区的经济效益。

3）信息服务功能

根据CZ物流园区在供应链中的位置，结合图1-4可知：CZ物流园区是处于JS营销有限公司与零售商（国美、苏宁）及消费者之间的物流园区，时时需要与上游的JS和下游的苏宁、国美或消费者进行频繁的信息交换。可是，园区没有一套完整的信息系统来处理相关的信息。因此，CZ物流园区需要建立一套具有信息处理功能的网络系统，为JS公司大量货品的采购、储存、运输及信息处理和信息交流提供服务。同时，还能与JS公司实现信息共享，增加管理的透明度。除此之外，该物流园区还能运用该系统来管理园区的仓储、配送，时时了解园区仓库的情况，以保证园区运营顺利进行。

综上，一旦CZ物流园区运营部门拥有了信息系统，不仅能为上下游企业及消费者提供信息服务，还能为其仓储、配送业务提供实时的数据支持。

2. 优化CZ物流园区的内部布局

根据CZ物流园区存在的主要内部布局问题，结合CZ物流园区的实际情况，调整现有的布局，得到优化的布局方案，如图5-6所示。

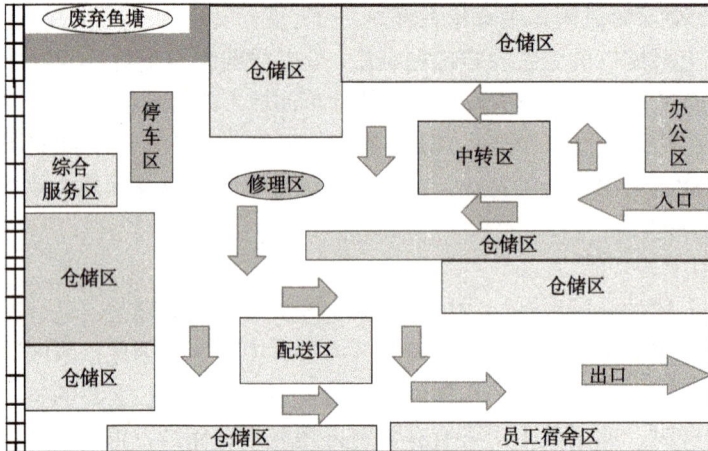

图 5-6　优化后的 CZ 物流园区布局

图5-6中将园区原来的出口与入口分开，重新建立中转区与配送区，将道路部分从功能区分离出来，对园区布局做出合理调整。图5-6中箭头为道路的标识，保证车辆与行人的正常通行。

3. 制定CZ物流园区相关的安全管理制度

1）货物防火防爆制度

易燃易爆项目不得设置在园区内；按照规定设置消防设施和器材；使用易燃易爆物品的场所，应当设置相应的通风、防火、防爆等安全设施；易燃易爆物品不得存放室外；园区实行逐级防火检查制度，主管领导实行电器检查；园区员工在工作时不能吸烟，入驻园区的企业人员也不能在工作时吸烟，如出现吸烟现象将对吸烟者进行罚款处理。另外，园区还应该设立吸烟区。

2）消防设施维护管理制度

园区应当按照国家有关规定配置消防设施和器材；办公室配备消防服、防毒面具、呼吸器等应急器材；灭火器应该设置在明显且便于取用的地点，将其标识朝外，设置在室外的灭火器材应有保护装置；室外消防栓（箱）的水带水箱必须配齐保持完好，水带要经常晾晒保持干燥防止霉变；消防器材要有专人负责保管，定期检查保养维护维修，并做好每期宣传纪录，消防器材严禁挪用。

3）成立园区安保部门

园区应该成立安保部门，对园区的安全进行定期或不定期的检查，对进入园区的车辆不能仅是登记，还应该检查是否有违禁品或者易燃易爆货物，这样才能保证园区的第一步安全，安保部门应该是防止安全事故的发生，而不是在发生安全事故后才去处理。安保部门应重点检查园区员工宿舍、入园企业的仓储区、办公区、综合服务区这些地方是否有安全隐患。安保部门还应对前面制定的制度进行执行与监管。

5.7 推动物流联盟的建立

贵州作为西部的重要省份之一，其物流企业存在资金薄弱、规模小、技术管理水平不高、业务单一等问题，构建物流联盟有利于降低物流成本、提高物流流通效率、降低企业风险、拓展业务范围，最终实现共赢。物流联盟是指20世纪90年代以来随着信息技术的发展，在第三方物流基础上兴起的一种新型物流组织，以物流为合作基础的企业战略联盟。为了取得比单独从事物流活动更好的效果，两个或多个企业通过契约的方式重新整合各成员企业的物流资源，结合成相互信任、共担风险、共享收益的组织。联盟中的成员企业不完全以自身利益最大化为行为指南，也不完全以共同利益最大化为目标，而是为了在物流方面形成优势互补、要素双向或多项流动的中间组织。贵州推进物流联盟建设有助于资源共享、优势互补、相互学习；有助于共同提高、同步发展、做强做大；有助于赢得政府支持、规避风险、打造品牌、利国利民。因此，有必要对贵州构建物流联盟的策略和对策进行研究。本书首先对贵州物流业的发展现状进行分析，找出适合发展物流联盟的有利因素，并有针对性地提出推动贵州发展物流联盟的措施。

5.7.1 贵州构建物流联盟的必要性及可行性

目前贵州物流企业发展仍处于初级阶段，企业的规模、网络及服务水平与沿海发达省份及中部省份的物流企业相比都有较大的差距。本书认为贵州物流企业走物流联盟这条发展道路是必要的，同时也是可行的。

1. 贵州构建物流联盟的必要性

（1）构建物流联盟有利于实现规模经济和范围经济。

规模经济是指在一定的产量范围内，随着产量的增加，平均成本不断降低。现代物流总体趋势是向着规模化、大型化方向发展。与省外物流企业相比，无论在企业规模还是在物流网络建设方面，贵州物流企业都有很大的差距。通过物流联盟，可以加快贵阳二戈寨物流园区、扎佐物流园区、阳关物流中心和龙洞堡航空城现代物流项目等综合性和集散枢纽型物流园区、物流中心的建设，积极培育和发展规模化、网络化的现代物流产业集群。充分利用已有运输场站、仓储基地等基础设施，统筹规划建设一批以布局集中、用地节约、产业集聚、功能集成、经营集约为特征的物流园区，通过完善的专业化物流组织服务，可以实现长途运输与短途运输的合理衔接，优化城市配送，提高物流运作的规模效益，集约利用土地，缓解城市交通压力，形成集货运输，降低空载率，扩大企业规模。通过物流联盟还有利于实现范围经济。范围经济指由厂商经营范围而非规模扩大带来的，也就是当同时生产两种产品的费用低于分别生产任一——种产品时，所存在的状况就被称为范围经济。通过物流联盟提供多样化的服务，加快发展第三方物流，扩大服务范围。同时，能为顾客提供个性化的服务，降低物流成本，优化资源配置，提高运作效率，增强企业的经济效益。

（2）构建物流联盟有利于提高服务水平，降低物流成本，减少交易费用。

单个企业的服务能力是有限的。通过物流联盟，可以集中一切的优势资源完成客户的服务要求，还能超过客户的预期目标，通过增加一些高附加值的物流服务项目来吸引客户。同时，减少了联盟企业间交易费用和降低企业间寻找客户的费用，加强了企业间的沟通交流。总体看，物流联盟建立可以减少企业间相互交易的环节。企业间联盟是通过契约形式建立起来的，能有效地控制履约风险和交易中的摩擦或不衔接形成的交易费用，交易双方也将自觉地抑制各自的机会主义行为，有利于提升交易双方应对不确定性的应变能力，降低由此带来的交易风险。此外，物流联盟可以提高联盟企业间应对周围环境不确定性的能力，可以在相互学习基础上通过协商妥善处理，有效降低不确定性事件的成本和费用。

（3）构建物流联盟有利于整合市场资源。

构建物流联盟有利于有效整合分散在东站、二桥、三桥、二戈寨等地的信息、资金、人才和仓储运力等物流资源，可以避免企业间过度竞争，提高整个物流行业的赢利水平。而且，还能使中小物流企业汇集成一个企业群，依靠共同的企业品牌、知名度和整体营销宣传的战略来开拓市场，可以更好满足消费者对运输、仓储、配送等物流服务的需要。同时，物流企业在供应或需求信息收集、物流人才储备、资金储备辅助性服务方面更具有经济性。各物流企业之间不仅实现了资源能力的共享，还降低了企业物流成本，同时还减少了重复劳动和资源浪费，使贵州物流资源配置得到了优化，实现资源优势互补，从而增强物流企业核心竞争力，在共同做大市场的基础上实现"双赢""共赢"，提高物流行业集中度，并使行业内的竞争结构合理化、有序化，从而提高整个行业的赢利水平。

（4）构建物流联盟有利于培养和增强企业的核心竞争力。

核心竞争力是公司能为客户带来特殊利益的一种独有技能或技术（刘志英和王超，2004）。物流企业所提供的产品是服务，建立物流联盟有利于提高服务的竞争能力，如运输、仓储、装卸搬运、流通加工、配送、信息服务等能力。而且，建立物流联盟有利于贵州物流企业集中精力发展核心竞争力，提高和培养企业的市场竞争力。贵州省物流企业要想在竞争激烈的市场中生存和发展，必须具有实现客户价值的能力。这就要求物流企业建立优于竞争对手的物流、管理功能，并且不易被竞争对手模仿，具有能够满足客户价值需要的独特能力。换言之，只有形成为客户创造巨大价值的核心竞争力，才能获得企业的物流服务合同，才能与其他企业建立互惠互利的战略伙伴关系。鉴于此，这里将物流企业核心能力定义为物流企业在参与市场竞争过程中，通过对自身要素的优化及与外部环境的交互作用，在有限市场资源配置中占有相对优势，进而处于良性循环的、可持续发展状态的能力。物流企业只有依靠自己掌握的知识和技能，形成核心能力才能使企业发展。只有创造了具有自身特色的核心竞争力，才能使企业不断发展壮大，保持长期的竞争优势。例如，目前贵州七冶物流公司通过与贵州商储集团公司合作，改变了过去较为单一的经营模式，增强了七冶物流公司的抗风险能力，进一步提升自身的核心竞争力。

（5）构建物流联盟有利于提高管理水平，开拓市场。

通过构建物流联盟，有利于提高物流企业管理水平，整理管理体制，规范公司运作，缩短供应链环节，提高组织效率；有利于制定可行的程序和方法，得出合理的方案，实现总成本的最小化；有利于使物流操作和物流环境规范化、标准化。贵州由于受地理条件的限制，大量物资进出都比较困难。通过建立联盟，各物流企业可以共同开发市场；通过整合外部资源拓展自己的发展空间，摆脱运送难的问题，使贵州丰富资源能够流通到世界各地，不仅带动贵州经济的发展，还能使企业之间自觉地维护市场秩序。另外，构建物流联盟还有利于信息的共享和企业的交流与合作，有利于建立长期稳定的合作关系，提升企业的资金实力，加快贵州物流系统的规划与建设，使贵州物流业朝着专业化和多样化的方向发展。

2. 贵州构建物流联盟的可行性

（1）强大的物流服务需求为贵州构建物流联盟提供了有力的市场支持。

近年来，贵州社会经济发展快速，自2011年以来贵州GDP年经济增长速度在13%以上，物流需求规模日益扩大。具体表现为：首先，工业强省战略的实施将增加贵州生产性物流服务需求。贵阳城市经济圈及安顺市加快打造以烟草、电子信息、装备制造及汽车零部件、磷化工、铝工业、现代中药、特色食品和现代服务业为重点的都市型经济中心区和产业集聚区。例如，毕节市、六盘水市、黔西南州发展以能源、煤化工为主导的优势原材料等优势产业，将建设一批以电力、煤及煤化工、黄金等为主的工业项目和循环经济生态型工业示范基地。遵义市也将做大做强名优白酒及特色食品、能源、原材料、机械电子、家用电器和竹纸一体化等优势产业。黔东南州、黔南州及铜仁市要发展特色食品、民族药业、林纸一体化、特色农产品加工等绿色产业和水电产业、特色矿产资源加工产业。其次，电子商务快速发展，大量居民消费通过网购实现，催生巨大的生活性物流服务需求。物流需求快速增长，需要物流企业提供强大的物流服务，这为物流联盟的建立创造了市场条件。

（2）信息基础设施日益完善为贵州物流联盟构建提供了强大的技术支撑。

贵州省信息基础设施建设取得明显成绩。截至2016年6月，4G/LTE网络已实现全省的有效覆盖；运营高速铁路沿线3G/LTE信号覆盖为588千米，覆盖率达到了91.2%；新增光缆长度（含广电网络）为9.35万千米，线路总里程达到82.5万千米；光纤入户覆盖家庭合计新增415.9万户，达到了1 515.9万户；新增3G/4G移动通信基站有1.01万个，总数达到了10.11万个；全省营运高速公路3G／LTE信号覆盖新增了676千米，覆盖率达到了81.6%；全省数据中心服务器承载能力从16万台增加到了28.7万台（肖心竹和胡锐，2016）。

（3）物流节点的优化布局为贵州构建物流联盟奠定了坚实的物质基础。

西部大开发以来，贵州物流环境不断得到改善，开工建设了大量的高速公路和铁路。同时，贵州已经开始规划建设大型物流园区，如二戈寨、清镇、扎佐、金阳物流园区都是贵阳物流业重点打造的物流园区。贵州计划将二戈寨物流园区打造成泛珠三角经济圈、长三角经济圈和东亚地区的国际综合型物流园区；利用综合性货场建设的相对优势，将清镇物流园打造成贵阳连接西部、华南、沿海地区物流交流的桥头堡综合性物流园区；将金阳军山物流园建成为大型批发市场、商贸企业和大型社区提供现代仓储、电子服务共同配送的区域综合型物流园区；将扎佐物流园区定位为区域专业型物流园区，为黔北、黔西北、黔东北地区的矿产、加工、医药、特色食品提供生产资料供应等。这些基础设施的建立为构建物流联盟创造了有利的条件。

（4）政府的大力支持为贵州构建物流联盟提供了强有力的政策保障。

2011年8月，国务院办公厅下发关于促进物流业健康发展的政策措施。国家将切实减轻物流税收负担，促进物流车辆便利的通行，加快物流管理体制改革，推进重点物流领域的发展、支持物流园区的建设和新型的增值服务。贵州还根据《加快我国物流快速发展的若干意见》《中国贵州省人民政府关于加快贵州省服务业发展的若干意见》《贵州省"十二五"服务业的发展专项规划》等文件，提出贵州省物流业的发展要统筹规划、加大基础设施建设。为了促进物流业平稳较快发展，培育新的经济增长点，国务院印发了《物流业调整和振兴规划》，贵州省也发布了《贵州省贯彻落实物流业调整和振兴规划工作方案》《物流业调整和振兴专项投资管理办法》等文件，为贵州省现代物流业的调整和振兴提供了有力的政策支持，为物流联盟构建营造了良好的物流环境。培养现代物流企业、实施标准化和人才战略、扩大物流领域的对外开放政策措施，均有利于物流联盟的形成和贵州现代物流业发展体制的逐步完善。

5.7.2 贵州物流联盟构建的思路及步骤

通过组建物流联盟可以使物流企业摆脱被动局面，主动出击，寻找合作伙伴，不仅有效利用自身的资源，如运输、仓储、运输网络、稳定的客户群等，还能克服自身难以克服的缺点，如尽管运输企业车辆多且货源稳定，但是没有能力为其客户提供除运输之外的功能。因此，共享联盟成员可以充分利用客户信息和充分挖掘商业机会，通过项目的成功运作来实现所有联盟企业的多赢合作（温志桃和董雄报，2005）。构建物流联盟，一般会涉及以下四个步骤。

1. 是否组建物流联盟

在组建物流联盟的过程中，物流企业通过搜集市场信息，并且结合本企业的状况，进行物流市场分析和本企业的物流能力分析，从而对是否组建物流联盟的问题进行综合判断。此阶段是组建物流联盟的第一个环节，也是具有重要意义的关键环节，必须在企业充分掌握相关信息的基础上进行。

2. 选择物流联盟的合作形式

当最终确定要参与联盟后，就必须考虑采用什么样的联盟合作形式。目前，物流联盟的合作形式主要有以下五种。

（1）纵向模式，即垂直一体化模式。它是指处于物流活动不同作业环节的企业之间通过相互协调而形成的合作性、共同化的物流管理系统（于英杰，2007）。有两种具体实现方式：一是在不同物流作业环节具有比较优势的各个物流企业之间进行合作。例如，专业负责运输的企业与专业负责信息服务的企业联合，专业负责仓储和专业负责包装的企业进行联合，形成一体化的服务，并且能使企业集中力量在自己的核心业务上，提升公司的核心竞争力。但是，这种联盟一般不太稳定，主要是在整个供应链上，不可能每个环节都能同时达到利益最大化，因此会打击一些联盟企业的积极性，使它们随时都有退出联盟的可能。二是形成供应链战略联盟，如图5-7所示。也就是，生产企业与供应商、顾客有着良好的合作关系，由物流企业从原材料采购到产品销售的全过程实施一体化运作，并通过契约或股权对物流企业的运作进行管控。例如，贵州省邮政速递物流有限公司与中国石化贵州石油分公司签订中国石化"易捷"便利店一体化合作合同，贵州省邮政速递物流公司将为中国石化贵州石油分公司全省所属加油站"易捷"便利店提供物流配送一体化服务。通过纵向物流联盟的建立，共享信息，了解和掌握物流全过程，实行一体化的运作，建立良好稳定的合作关系，平衡物流的供应与需求，优化供应链，提高企业的运作效率，能够按照最终客户的要求为其提供最大价值，同时也使联盟总利润最大化。

供应商 →物流企业→ 生产商 →物流企业→ 批发商 →物流企业→ 零售商

图 5-7　纵向物流联盟示意图

（2）横向模式，即水平一体化模式。它是由处于平行位置的几个物流企业结成联盟。例如，提供场到站服务的贵州黔惠物流公司与专门提供站到门服务的物流公司联盟。这种联盟能使分散物流获得规模经济和集约化运作，降低了成本，并且能够减少社会重复劳动。每家企业拥有的资源不同，提供的具体服务也不同，通过组建横向物流联盟，使服务范围扩大，满足消费者的需求。此外，这种联盟将使物流活动更加专业化、柔性化，有利于形成更完善的物流网络体系。当然，这种联盟方式也有不足的地方。例如，它必须有大量的商业企业加盟，并且有大量的商品存在，才可能发挥其整合作用和集约化的处理优势。此外，这些商品配送方式集成化和标准化也不是一个容易解决的问题。

（3）混合模式。这种模式是由既有处于上下游位置的物流企业，也有处于平行位置的物流企业加盟。同一行业中多个中小企业存在着相似的物流需求，第三方物流机构水平一体化物流管理可使它们在物流方面合作，使社会分散的物流获得规模经济和提高物流效率。中小企业将自身的物流外包给第三方物流机构，共同采购、共同配送，构筑物流市场，形成相互信任、共担风险、共享收益的集约化物流伙伴关系，并且以签订联盟契约作为联盟企业的约束机制。这种物流战略联盟可使众多中小企业联盟成员共担风险，降低企业物流成本，并能从第三方物流机构得到过剩的物流能力与较强的物流管理能力，提高企业经济效益。同时第三方物流机构通过统筹规划，能减少社会物流资源的浪费，减少社会物流过程的重复劳动。

（4）以项目为载体的联盟模式。这种模式以项目为中心，由各个物流企业进行合作，形成一个联盟。这种联盟方式只限于一个具体的项目，联盟成员之间的合作范围不够宽，优势不太明显。

（5）基于web的动态联盟。由于市场经济条件下的激烈竞争，为了占据市场的领导地位，供应链应转变为一个动态的网络结构，以适应市场变化、柔性、速度、革新、知识等需要，将不能适应供应链需求的企业从中淘汰，并从外部选择优秀的企业进入供应链。供应链从而成为一个能快速重构的动态联盟。这种联盟以先进信息技术为基础，以共享供应链信息为目的，其内部可以通过资产和活动的专业化来提高效率。动态物流联盟的核心是信息平台的构建，虚拟物流企业联盟通过物流组织、交易、服务、管理方式的虚拟网络化，使物流商务活动能够方便、快捷地进行，实现物流的速度、安全、可靠和低费用。但是，这种联盟方式缺乏稳定性。

3. 选择合适的联盟伙伴

联盟伙伴选择是建立战略联盟的基础和关键,选择不当就会给企业带来损失。第一,选择的合作伙伴应在企业战略目标上尽量相似或一致。只有战略目标兼容的企业才有可能在文化上兼容,这样才会在行为上保持一致,最终才更有可能取得物流联盟的最佳效果。第二,选择具备一定物流资源和能力优势的企业。物流企业能通过优势互补,弥补本企业的薄弱点,从而实现整体的最优化。第三,选择盟友时,尽量选择企业规模和实力相差较小的企业,减少诸多不必要的麻烦。第四,选择能够互通信息平台的企业。这样才能有效沟通和交流及信息共享,才能使企业间的物流达到无缝对接,提高物流效率。

4. 评估联盟成员的绩效

当确定物流联盟的伙伴后,联盟企业需对联盟自身进行详细设计。一起制定物流运作的过程和物流市场战略,并在组织分工,协作方式,各自的责任、义务、利益和风险方面达成统一意见,最终形成法律文件。这样,在形式上物流联盟就已形成。因为在联盟过程中还会产生很多不确定的因素,所以应该建立一个指标,使其能很好地对联盟成员有个全面的评估,这种评估要贯穿物流联盟的全过程,即从建立联盟之初直至联盟结束为止(周剑青等,2005)。联盟企业要结合评估结果与本企业对联盟的满意度来确定是否继续参与联盟。

5.7.3　推动贵州物流联盟建立的对策建议

贵州物流联盟的发展不仅需要物流企业间的相互合作,同时还需要各级政府部门及相关行业的相互协调、相互配合,营造出一种适合物流联盟发展的外部环境条件,对此本书给出如下建议。

1. 发挥经营管理者的自主能动性

物流企业的经营管理者对自身企业发展起到决定性的作用,因此需要对物流企业的经营管理者给予思想上的引导,即由各级政府和物流行业的相关部门定期开设学习班或物流产业发展报告会,其主要学员对象是物流企业的经营管理者。其目的是让他们实时了解当前物流行业的现状,发展方向及最新物流成果,让他们可以根据自身企业情况考虑企业未来发展方向,这样能使物流企业经营者对构建物流联盟在理论上了解、思想上接受、行为上积极参与配合。

2. 加强物流企业信息化建设

物流信息的实时性、畅通性对物流企业联盟的构建起到至关重要的作用。首先,信息网络建设对物流作业过程一体化起到支撑作用,同时它也能为客户需求提供快速的反应平台,使客户与服务商能及时、实时的沟通(唐振龙和张永杰,2007)。其次,它能调动物流联盟的优势和潜力,提高运营水平和增强优势竞争力。

3. 供应链融资式的建立与推行

企业走上规模化道路不仅需要技术上的进步，同时还需要拥有充裕的资金做后盾。供应链融资则有效地缓解了企业在资金上存在的问题。供应链融资是通过联盟的稳定性、规范性、管理水平、营运效率、契约保证、信用机制等方面提供可信度的依据和足够的支持，从而降低金融机构的风险，打造一种与供应链时代相适应的融资模式。通过这种全程融资来解决不同企业的不同需求，从而达到加快物流联盟形成、发展的目的。

4. 组建示范性联盟

物流联盟最初难以形成的原因在于物流企业在本地区无法看到现实中的物流联盟给企业带来的有利影响，也没有看到物流联盟给企业带来的诸多好处。组建示范性联盟能起到领头羊的作用，给物流企业做示范，让企业经营管理者看到物流联盟为其联盟成员带来的实实在在的利益，最终能打消它们的观望心态。

5. 规范完善法规和行规

在国家层面制定一部全国性的物流法，由商务部具体实施并建立与交通、通信、海关等相关部门的协调机制，达到统一物流市场，使各物流企业在同一法律环境下公平竞争，规范经营。同时，还应规范行规，对可能涉及物流联盟与客户的法律纠纷等问题进行恰当的解释和安排。规范完善相关法律和行业，才能使更多的企业愿意与物流联盟进行业务交易，同时也能促进物流联盟的形成。

6. 出台支持物流联盟政策

政策上的支持能为物流联盟带来更广阔的发展空间。例如，对参与物流联盟的成员企业，执行在税收项目上相关的减免政策；对参与物流联盟的成员企业，给予适当的低价场地租赁政策；对参与物流联盟的成员企业，在车辆的通行及路桥费用上给予相应的优惠等。

5.8　探索物流企业合适的增值业务发展模式

受人力、土地、油价、税负和行业竞争等因素的影响，我国物流业毛利率已从2000年的30%下降到2016年的不足10%。同时，在未来较长的时期，我国物流业总体将呈现出"增长速度放缓、规模扩张趋稳和结构调整加快"的发展态势（郑钟，2013），而物流客户需求却越来越个性化和多样化。可是，当前我国第三方物流企业85%左右的收益来自于运输和仓储等基础服务，而增值服务及其物流信息服务与支持物流的财务服务的收益只占15%（曾中文，2007）。显然，那些仅仅依靠提供基础服务的物流企业将面临生存危机，而且也无法满足一些高端客户的需求。尽管国内物流企业已在发展增值服务方面做了尝试和探索，但是与市场的巨大潜力和外部的竞争压力相比，做得还远远不够。增值服务相对于基础服务来讲。基础服务是指物流企业提供的仓储、运输、装卸搬运、包装、配送等服务，这些服务创造了空间效用、时间效用、形质效用和品种调剂效用。而增值服务是指根据客户需要，为客户提供超出常规服务范围的延伸，或者采用超出常规服务方法提供的服务，创新、超出常规、满足客户需要是增值物流服务的本质特征。增值服务的开展有利于提升企业的盈利空间，寻求适合的增值服务发展模式正受到越来越多物流企业的关注。本书将以贵阳某第三方物流企业GMA为研究对象，通过对GMA的具体业务开展情况进行分析，针对其开发物流增值服务方面的不足，探讨其发展增值服务的发展思路和对策，以供其他物流企业借鉴。

5.8.1 GMA业务运作现状

GMA是国内某知名第三方物流企业在贵阳注册的分公司，在贵阳的业务据点分别位于贵阳物流园区、小河区、东风镇、牛郎关和白云区等片区，主要业务包括仓储、配送、运输等。其中仓储主要针对贵州茅台、中国移动贵州分公司和其他客户，配送主要针对德芙巧克力、旺旺大礼包和可口可乐等产品，运输主要针对美的集团、金锣火腿肠和恰恰瓜子等客户。具体情况如下所示。

1. 仓储业务在GMA业务体系比重最大，收入占比最高

仓储业务在GMA业务中所占比重最大，一般占到业务量和利润的50%以上。GMA各业务据点虽然在规模和位置等方面会有差异，但是仓储业务都是其最重要的业务。其中，GMA的贵阳物流园区面积约300亩，已建成面积为32 000平方米的平库2栋。贵州茅台集团的茅台酒系列和中国移动贵州分公司总部的相关通信器材都在物流园区设有仓库，并且因这些物品单位价值高，给物流园区带来的仓储收入颇丰，仓储业务和利润在物流园区的占比超过50%。比较而言，其他物流据点规模相对较小，作业对象主要为流转相对较快的普通家电，受其规模限制，仓储业务的占比要比物流园区的小，但也在45%以上[①]。

2. 配送业务在GMA业务体系位列第二，发展势头迅猛

配送业务在GMA里占据第二大业务的位置。目前为止，各物流据点主要为德芙巧克力、旺旺大礼包系列、可口可乐等商品开展配送业务，每天在划定的区域内按照固定线路、固定时间，定点定车对市区内的经销商进行循环配送和逆向取货。其中，德芙巧克力所占空间不大，但是单位空间创造的价值要高于普通快销品，加上巧克力对温度有一定的要求，这就要求GMA对配送车辆和配送当日温度进行相应的管控。而旺旺大礼包系列、可口可乐属于快销品中流转较快的商品类型，对配送时效性提出了较高的要求。这些要求无形中增加了GMA的配送成本，

---

① 资料来源GMA内部资料。

也为GMA开展高附加值的增值服务创造了机会。由于贵阳乃至贵州全省的大量生活消费品需要从外省调入，城市商品配送需求旺盛，配送业务正成为GMA重要的利润来源。

3. 运输业务在GMA业务体系位列第三，需求相对平稳

运输业务主要包括承担美的公司的家电分销业务和一些外部客户，如快销品金锣火腿肠、恰恰瓜子等公司的配送业务。虽然这些运输业务有时也可以纳入配送的范畴，但考虑到由一般家电分销的运输距离较远且金锣火腿肠和恰恰瓜子等企业都没有对相关配送业务进行严格约定，因此GMA将这类业务纳入运输业务中核算。其中，美的集团家电产品运输业务量大，而金锣火腿肠和恰恰瓜子都属于快销品，日常需求多且快，这些原因使得运输业务在GMA业务体系中占据第三的位置。

除了上述三大基础服务外，GMA还提供条码管理、补货、包装和库存分析增值服务。

5.8.2　GMA增值服务发展中存在的问题

基于上述分析，发现GMA在物流增值服务发展方面存在以下问题。

（1）传统基础服务占比过高，缺乏满足客户个性化需求的增值服务。

传统基础服务，如仓储、配送、运输几乎成了GMA的全部服务内容，它仅涉及少量的增值服务，这与GMA旨在成为综合服务型第三方物流企业的定位不相称。另外，GMA与客户合作时大部分以本企业能提供的业务为基础。除了向客户提供仓储、配送、运输等基础服务外，基本没有向客户提供满足个性化需求的特殊物流服务。例如，为客户改包装、贴价格标签，为食品、饮料、果蔬、蛋类、药品类客户提供冷藏冷链等物流服务目前尚未开展。由此可见，GMA尚有大量的增值服务有待开发，客观要求GMA丰富和完善其服务体系。

（2）基础服务同质化严重，对客户没有很好地实行差别化管理。

从业务运作看，GMA所提供的仓储、配送和运输等服务，具有一定规模的其他物流企业都能提供。同时，GMA的许多业务来自于总公司，总公司会与相关客户签订业务合同，再由GMA来执行具体的业务运作，这在很大程度上限制了GMA业务的拓展，导致GMA没有开发出具有自身特点和贵州本土特色的增值服务，使得GMA的基础服务与其他物流公司同质化现象严重。另外，客户是物流企业赖以生存的基础，但是并不是所有客户的需求都需要投入等量的时间精力去满足。本书通过分析发现，GMA在满足一般客户需求的同时没有针对大客户进行服务水平提升或向其提供更综合、更全面的服务。例如，贵州移动和茅台集团都是GMA的大客户，不仅储存商品的单价高，而且种类数量众多，但是GMA除了提供最基本

的储存和简单分类服务外，没有向其提供更多的高附加值服务。显然从投入产出角度看，对GMA和客户都是一种损失。

（3）尚未形成增值服务的创新机制，缺乏强大增值服务能力的物流团队。

目前GMA仓储配送等基础服务的市场需求很旺盛，企业根本没有太多的精力去思考和发展其增值服务。同时，员工队伍中除了两位高层领导有着较为丰富的物流从业经验外，其他大多数管理人员以刚毕业一到两年的大学生为主，这些员工日常工作强度较大，多忙于常规事务的处理，很难提出一些具有一定创见、知识和技术含量较高的物流增值服务项目建议。事实上，在GMA向客户提供服务的过程中，客户也有要求企业提供一体化物流方案设计、供应链管理等高端的物流业务项目。但是，往往受制于员工的能力和缺乏相应的物流服务团队，仅仅依靠GMA这些业务很难开展。

5.8.3 推动GMA增值服务发展的对策建议

物流企业发展增值服务是一项系统性工程，必须从大处着眼、小处着手，不能一概地认为现有的GMA基础服务都是无竞争力或落后的，也不能认为GMA在增值服务开发方面无所作为，应利用一切资源和机会发展物流增值服务。根据GMA所处的市场环境、未来发展的竞争要求和行业发展趋势的认识，立足于夯实现有业务基础、不断开拓具有企业核心竞争力的物流增值服务发展理念，提出增值服务发展的具体思路及对策建议。

1. 强化与改善现有物流基础服务

通过运输、仓储、配送等基础服务实现物品空间与时间位置的转移，许多物流服务商都能提供类似服务，彼此间的差异不大，服务收益提高有限。在当前市场环境中，GMA应该根据客户的不同需求，在各项基础服务基础上延伸出个性化的增值服务，最终赢得市场竞争。具体来讲，运输增值服务包括货物配载、货物招标、货物追踪查询等，仓储增值服务包括集货、产品检验、存货查询、存货补充、包装、条码生成、贴标签、退货处理等，配送增值服务包括配送物品安装、调试、反馈产品质量、市场信息等。当然，GMA有些基础服务的强化与改善或许在短期内难于实现，但是针对仓储、运输、配送等基础服务的增值服务有很大的市场却是不争的事实。细化现有物流基础服务，将物流基础服务做到精细、全面和极致，是发展增值服务一种现实可行的方式。

2. 基于优势资源和客户需求拓展新的高附加值业务

拓展新的高附加值业务是指根据GMA的自身资源和客户的有效需求，利用现有设施设备、人力资源、资金等开展物流金融、物流项目设计、物流方案制定等高附加值业务，而不是简单地抛弃现有业务和现有模式。其中，物流金融具有利用现有资产使金融机构、融资方、第三方物流企业实现三方"共赢"的特点，被认为是具有创新性的典型物流增值服务。物流金融是面向物流业的运营，通过开发提供和应用各种金融产品和金融服务，有效地组织和调剂物流领域中资金和信息的运动，达到信息流、物流、和资金流的有机统一（许馤馤，2012）。物流金融中最常见的是货物抵押融资，即在货物仓储过程中，将货权转移给银行，银行根据市场情况按一定比例提供融资。当生产商、贸易商向银行偿还融资金额后，银行向仓储企业发出指示，将货权还给原贷主。在货物抵押融资的过程中要控制风险，就必须了解抵押物，包括规格、型号、质量、原价值和净值、销售区域、承销商等，还要查看权利凭证原件辨别真伪，这些工作超出了金融机构的一般业务范畴，却恰恰是物流企业的强项，同时物流企业还负责抵押物的养护保管，掌控货物库存的变动，因此物流企业凭借其独有的物流能力，成为货物抵押融资不可或缺的第三方。GMA已建成 3 万多平方米的平库，并计划修建10多万平方米的立体仓库，这将为GMA开展货物抵押融资业务奠定了非常坚实的物质基础。因此，为客户提供金融担保服务应逐渐成为GMA重要的增值服务内容。除此之外，GMA还可向客户提供物流营销服务、物流客户服务、向前和向后的延伸服务、物流业务流程再造、代客户进行订单管理、库存管理、供应商协调、最终用户服务等。总之，只要有利于企业利润增加、成本降低和客户满意度提升的高附加值物流服务，GMA都应该积极开拓和挖掘。

3. 围绕大客户需求开发物流增值服务项目

客户对企业利润的贡献上有大小之分，二八定律普遍存在于物流企业当中。物流大客户是物流企业稳健发展和获取高额利润的保证（周爱国，2008），是行业发展的风向标，也是获取信息的终端，更是与对手一决雌雄的战场。当前GMA的大客户包括美的集团、中国移动贵州分公司和茅台集团等，这些客户是其最重要的利润来源，应当成为GMA开展物流增值服务的重点。加强与大客户的交流与合作，充分挖掘客户潜在的物流服务需求，不断开发出适应客户需要的增值服务项目。例如，为客户提供专门物流服务人员、物流解决方案、供应链解决方案等定制服务，并与关键客户建立战略合作伙伴关系，实现GMA与客户合作关系的良性互动，最终达到客户运营成本降低且市场竞争力提升、物流企业业务范围扩大且盈利增加的双赢局面。

4. 成立第四物流增值服务部门提供高端物流服务

第四方物流是一个供应链的集成商，它将企业内部和其他具有互补性的服务供应商所拥有的不同资源、能力和技术进行整合和管理，提供一整套供应链解决方案。高端物流服务是指专门由第四方物流增值服务负责的一些技术难度大、管理要求高的增值服务项目，具体包括：①物流供应链整合服务；②国际货运承揽、进出口报关、国际运输等服务；③仓储、运输和存货管理与控制等服务；④运输管理、仓储管理、供应链管理等信息系统服务；⑤企业物流或物流企业的规划、设计、管理及咨询服务等。事实上，当今的客户除需要仓储、配送和运输等物流基础外，还希望物流企业能提供包括电子采购、订单处理和跟踪、供应链管理、库存管理等高附加值的物流服务。在这样背景下，客观要求GMA内部组建第四方物流增值服务部门，这个部门由GMA内部的技术专家和管理专家组成，或者由GMA与其他具备第四方物流服务能力的合作伙伴联合组成。该部门的设立不仅可以提升客户服务水平，创造新的业务增长点，还可以帮助解决GMA在物流基础服务和增值服务方面出现的种种问题，为GMA物流服务能力的提升提供各种智力支持。另外，为了不断丰富充实GMA向客户提供的物流服务包，应建立一套员工开发物流增值服务产品的激励创新机制，从源头上保证GMA提供的物流服务高度契合客户需求。

5.9 本章小结

本章基于贵州物流产业集群现状和存在的问题，就加强政府在贵州物流产业集群建设方面的规划引导方面给出建议，得到的主要对策建议。

（1）政府需要对贵州物流产业集群建设发挥积极的规划引导作用。具体包括：合理地规划物流产业和物流园区，不过度干预市场；建立和完善物流园区相关的法规政策，以保证公平竞争；通过加强物流市场监管，加快社会信用体系建设，采取对物流企业进行综合等级评估等措施优化物流市场环境；加快经济发展以刺激物流消费需求，为物流产业集群发展预留所需要的土地资源；正确认识物流专业人才在加快物流产业集群建设方面的重要地位，加强物流专业人才的培育。

（2）为了完善贵州物流产业集群支撑体系的建设，需要学习发达国家物流园区的建设经验。主要包括：明确政府在物流园区规划建设中的角色定位；重视物流园区选址和功能定位；增强物流园区的功能和服务能力；物流园区的建筑设施向高层发展；推进物流园区的可持续发展等。

（3）需建立物流园区运营绩效评价体系。以贵阳美安物流园区为例，分别采用模糊综合评价法和BSC分析法进行比较分析：采用模糊综合评价法，可以很好地解决模糊、难以量化的问题，但此方法着眼于短期评价。而BSC法在全局观、平衡观和战略观上对企业绩效评估方面、战略管理方面均起到了积极的作用，但对于衡量指标很难做到量化。鉴于此，物流园区运营绩效可以综合采取多种方法进行有效评价。

（4）推动物流园区协同运作模式的形成。本书以贵阳GDL农产品物流园区为例，在对其协同运作的作用和价值分析的基础上，提出基于供应链管理、金融合作、网络信息平台和交易网络的物流园区协同运作的思路和模式。

（5）加强物流园区运营的全流程管理。本书以贵阳CZ物流园区为示例，在对其运营管理现状及存在问题分析的基础上，提出需对物流园区功能进行重新定位、内部布局重新设计及制定物流园区相关的安全管理制度等对策建议。

（6）加快物流联盟的建立。构建物流联盟对贵州物流产业发展具有重要的意义和价值，具有现实的可行性，本书给出了贵州物流联盟构建的具体思路及步骤，从物流企业的经营管理者、物流企业信息化、供应链融资式、示范性联盟、法规行规、物流联盟支持政策等方面提出对策建议。

（7）探索物流企业合适的增值业务发展模式。本书以GMA物流企业为示例，分析该物流企业的业务运作现状，发现其存在传统基础服务占比过高、基础服务同质化严重和尚未形成增值服务的创新机制等诸多问题，在此基础上提出了强化与改善现有物流基础服务、基于优势资源和客户需求拓展新的高附加值业务、围绕大客户需求开发物流增值服务项目和成立第四物流增值服务部门提供高端物流服务等对策建议。

第6章 贵州物流产业集群支撑体系建设的对策建议

6.1 引言

从贵州物流产业集群支撑体系建设的现状来看，交通线路不能很好地满足货物运输需求；信息和通信线路建设仍处于起步阶段；物流节点利用不充分，功能不完备；物流企业规模较小，服务能力较弱，服务内容单一；物流设施设备落后，工作效率低下，达不到现代物流发展的基本要求；物流信息技术应用程度不高，导致物流服务效率低下；整个物流业从业人员的综合素质相对较低，服务能力尚不能满足客户个性化的需求；物流标准化的市场基础比较薄弱，物流市场潜在需求巨大，但物流市场的实际需求则显得不足；物流标准化在与各相关产业之间和其自身的技术标准方面存在差异与缺陷，制约了物流的协调运作；在执行方面缺乏必要的力度及规章制度；物流产业集群内部市场无序竞争严重，抑制创新的产生；物流产业集群内部企业间信任度不高；物流产业集群内部缺少物流信息平台以提高贵州整个物流产业的运行质量和效益。总体看，物流产业集群支撑体系薄弱是制约着贵州产业集群核心竞争力进一步提升的一个重要瓶颈。鉴于此，为了能够更好地推动贵州物流产业集群支撑体系建设，吸引省外物流企业进驻贵州，发挥更大的示范、导向、聚集和辐射作用，带动贵州经济发展，本书将就贵州物流产业集群支撑体系的建设中存在的问题提出针对性的对策建议。

6.2 加大物流基础设施建设

物流设施服务于物流产业，物流产业的向前发展客观要求物流基础设施更新和升级，以满足现代物流的高效运作。郭仪和余文忠（2009）研究表明，物流设施的建设对吸引外商直接投资有很大的促进作用。因此，物流设施是物流产业发展的基础和前提，物流设施的建设不仅能提高物流产业的运作效率，降低物流成本，还有利于发挥物流产业的支持带动作用，加速工业结构的调整优化。现代物流离不开基础设施的保障和支撑，物流设施的合理规划和利用直接制约着物流产业的发展和物流规模效益。为此，需做好以下工作。

1. 充分发挥政府职能，大力建设基础设施

由于地理位置的特殊性，贵州在我国陆路交通网络中始终处在一个落后的地位，因此应该将基础设施建设放在首要位置，构建现代化的交通运输网络，打破交通瓶颈制约。只有增加物流基础设施的投入，完善基础设施体系，才能更好地适应贵州物流业发展的要求。政府应该加强企业间的组织和协调，对物流管理体制进行改革，制定地方物流政策体系，主要解决物流业发展在土地征用、资金融资、交通管理、税收优惠等制约物流企业发展的问题。在物流基础设施的建设中，应该制定相关的优惠政策引进外资兴建贵州物流产业相关基础设施，以增加物流设施的产出效益为目标，将贵州物流线路和物流节点连成网络，促进经济更好更快的发展。首先，政府部门应该制定优惠政策，提高地方服务水平，为现代物流业发展创造良好的宏观环境。例如，政府在加大交通基础设施建设资金投入的同时，积极鼓励国内外资本雄厚的企业和商会投资贵州的交通基础设施建设。其次，结合地方发展的实际情况来规划建设物流园区，并建设通往产区的交通运输通道。例如，在"西南煤都"建设一条可以贯穿煤产地的铁路线，在一些盛产农产品的地区建设高速公路，开通乌江运河。通过完善这些交通基础设施可以更好地将贵州的相关产品输送出去，从而获得更大的经济效益。此外，政府应该根据贵州省的物流现状和存在的问题，从规划建设、财税金融、技术支持等方面给以帮助和支援，搞好协调服务。最后，政府应该从信贷支持和拓展融资渠道两方面增加对物流业的投入，促进物流产业的规模发展。

2. 整合企业资源，打造现代物流航母

结合贵州物流企业和工业企业的实际情况，整合各企业的优势资源，实现资源共享，减少不必要的浪费。工业企业将产品外销的运输和仓储作业承包给专业的物流企业，以提高企业的核心竞争力。建立电子商务平台，将物流企业的运输资源和仓储资源进行整合，尽可能实现满装满载，减少物流资源的闲置。此外，为了应对省外甚至国外知名物流企业强有力的竞争，应该运用市场机制，加快培养本土物流企业的竞争力，通过改制、上市、兼并、联合、重组等多种形式，采取横向一体化战略，打造具有市场竞争力的物流航母。例如，可以利用邮政物流广泛的分布网点和配送车辆多的优势，与贵州商业储运集团仓库面积大和铁路线优势结合起来使用，降低彼此物流成本。利用各个物流企业的特色和优势，充分利用基础设施的功效，组建贵州自己的物流联合舰队，提高本土物流企业的市场竞争力。

3. 加快物流人才培养，推动信息网络设施建设

物流业是一个综合型的产业，企业间的竞争已由资源的竞争转变为人才的竞争。物流企业发展离不开物流管理类、物流工程技术类等物流人才的支持。而物

流人才的培养需要政府、院校、企业多方的合作，才能培养出知识水平较高、实践操作能力强的现代化物流人才。为了培养出能满足物流行业发展需要的物流人才，一方面，对有实际操作经验的技术基层员工可以做一些短期的知识培训，以满足企业未来物流实际操作人才的需要。另一方面，改进落后的操作方式，引进先进的技术和设备来推动物流业现代化，节约人力财力，降低物流成本。例如，使用叉车代替手工搬运，采用无线射频识别技术代替人工分拣，利用信息网络资源建设物流信息网络等。此外，加强物流信息网络与公共服务信息平台建设，强化物流人员的技能教育和职业知识的培养，积极推进在职人员培训和教育体系的多层次发展，根据物流领域的发展性质成立专业部门开展职业资质培训与认证工作。通过物流人才培养和先进技术的应用，使物流企业向纵深发展，进而提高贵州经济增长的质量。

4. 树立"绿色物流"理念，确保贵州可持续发展

随着科技的发展和经济的增长，环境问题越来越受到人们的关注，"绿色发展"已成为现代企业的发展宗旨。绿色物流是指在发展物流业的过程中以降低对环境的污染、减少资源消耗为目标，利用先进物流技术，规划和实施运输、储存、包装、装卸、流通加工等物流活动。贵州大力投资建设物流基础设施，必将占据大量的土地资源，对农业生产和地区环境都将造成影响。不合理或不对称的规划建设也将浪费有限资源，如果没有足够多的企业入驻物流节点，而只是盲目的扩大建设，那么不仅资金很难回笼，而且还得继续投资维持节点运营，显然得不偿失。因此，应该树立"绿色物流"理念，使贵州的物流产业走可持续发展的道路，多方面多角度地权衡每一个设施项目建设的必要性和合理性。同时，在建设物流基础设施时应该尽量减少生态破坏，同时注意物流设施的绿化，在周围多植树。在运输过程中除了减少过度包装外，应该尽量使用新能源汽车运输，减少能耗及尾气排放。时刻谨记，贵州的土地资源非常有限，应该合理利用土地资源，切不可盲目地投资建设造成土地浪费。

5. 加大园区内部和园区之间的路网建设和整改

山地和丘陵占了全省面积的92%，独特的喀斯特地貌成就了贵州奇山秀水的同时，也阻碍了贵州物流产业集群的形成和发展。因此，为了推进物流产业集群的发展壮大，应该加大对园区内部和园区之间的路网建设和整改。具体建设思路如下：①加强物流园区内部的路网建设。物流园区的路网形式主要包括三种类型。a.方格网式。方格网式又称为棋盘式，是一种在地势平坦城市中最常见的道路网类型。其路网特点表现为道路布局整齐，有利于建筑物的布置；平行道路多，有利于交通分散，便于机动灵活地进行交通组织；按园区的功能分区，使主次干道功能分明。b.自由式。由于地势起伏较大，道路结合自然地形呈不规则状布置而

形成自由式道路网。这种路网设计方式受自然地形制约，可能会出现较多的不规则空间，造成建设用地分散。c.混合式。混合式道路网系统是对上述两种形式的结合，即在一个道路网中，同时存在几种类型的道路网，组合成混合式的道路网。其特点是可以扬长避短，充分发挥各种形式路网的优势。由于贵州独特的喀斯特地貌，其物流园区非常适合建立混合式道路网。②加强园区之间的路网建设。物流园区主要依托在高速公路或高速铁路，要求具备良好的交通条件。但是如果工业园区之间、工业园区和物流园区之间不能直达或要绕行，不仅浪费时间，而且还增加燃油费，即增加了物流成本，缩小了企业的盈利空间，阻碍了物流产业集群的发展。因此，需在工业园区之间、工业园区和物流园区之间建立快捷的运输通道，形成高效的交通网络，增进园区之间的联系。③加强对外通道的建设。为了使贵州物流产业集群的市场竞争力得到提升，降低其运营成本，需要打通贵州与周边重要经济区的对外联络通道。换言之，需加强贵州与周边经济区之间的高速公路和高速铁路建设。这些区域包括处于贵州东部的湖南长株潭经济区、贵州南部的广西北部湾经济开发区、贵州西部的云南及中国—东盟自由贸易区、贵州北部的成渝经济区等。货源不足是贵州发展物流产业集群的重要障碍，其内在的原因是贵州缺乏与外界联系的纽带。加大连接周边各重要经济区的高速公路和高速铁路的建设，将拉近与这些经济区域的距离。

6.3 壮大第三方物流体系

为了改变贵州第三方物流企业小、散、弱的落后局面，针对其存在的不足，采取如下改进思路与措施。

1. 加大企业间兼并重组，丰富服务内容

随着我国经济的快速发展，物流的重要性越发明显，要满足市场及企业的要求，在市场上具有竞争力，物流企业需要具有一定的规模与实力，单靠一些夫妻店、兄弟店这样小型的物流企业难以提高贵州物流业的服务质量，所以客观要求企业间不同形式的兼并重组，共同构筑物流网络，从而增强其服务功能，降低成本，节约时间，为货主提供优质的标准化服务。贵州物流企业资本实力和经营管理能力的不足，物流行业内尚未出现大规模的兼并。但本书认为贵州大型工商企业可以与物流企业之间在物流硬件资源、物流业务、物流客户等方面进行整合，建立联合经营实体，通过契约形成战略联盟。同时，政府有必要选择一些发展势头良好、赢利能力强的中小型物流企业进行政策资金的扶持，引导其进行兼并、重组。并且，鼓励这类企业上市融资，以争取更多的资金扩大企业业务规模和业务范围。另外，引导企业开展除传统仓储、运输业务之外，如仓单质押、代收货款等增值业务，并根据客户特殊要求提供定制服务，提高企业的赢利能力，提高

对客户需求的响应能力。

2. 建立设施设备租赁市场、共建或租用设施设备

由于资金或业务规模的制约，如果企业自己购置大件运输车、集装箱车、冷藏保温车、叉车等设备，会使企业运营成本偏高，其赢利空间受到蚕食。因此，有必要推动相关设施设备租赁公司或让一些资金实力雄厚、经验丰富的设施设备供应商进入租赁市场开展租赁业务，以保证物流企业以较小资本投入就能得到相关设施设备开展相关的物流业务。同时，可以联合一些有相似物流需求的客户共同出资购置或建立相关的物流设施与设备，提高这些设施设备利用率，降低企业的运营成本。

3. 加大先进物流技术设备的推广力度，提高企业服务水平

要想使贵州的物流业上一个新台阶，在物流企业中大力推广应用先进物流技术和设备是不可少的。先进的物流技术与设备是物流产业发展的重要利器。例如，无线射频识别技术可以提高货物清点的效率，避免了人工清点速度慢、错误率高的问题，同时便于货物的跟踪和库存量的统计；运输车安装GPS一方面可以了解运送货物车辆所处的位置，另一方面可以监控车辆所走的路线是否合理，还可以对作业过程进行监督。除了采用先进技术外，现代运输及搬运工具对于提高作业效率也是必不可少，如叉车可以提高搬运效率，降低人工搬运的风险。另外，政府可以通过税收减免或技术改造资金项目的形式支持物流企业开发利用相关的技术和设备，并由政府牵头建立不同层次物流信息公共平台，使众多中小物流企业通过该平台获取车源、货源和行车路线等信息，提高对客户需求的响应能力，进而提高企业的服务水平。

4. 加大物流专业人才的引进、培养的力度

发展现代物流，人才是关键。本书发现贵州主要缺乏宏观物流管理人才、企业物流管理人才、物流企业的管理人才。因此，贵州需加大对现代物流科技人才的开发力度，加强物流专业人才的引进和培养。具体表现为：一是采用多层次的物流人才引进模式。从政府层面上，制定切实有效具有吸引力的政策措施，吸引国内外高端物流人才加盟贵州物流企业；从企业层面上，可以通过健全企业物流运行机制和激励机制，充分调动人才积极性，发挥物流人才的主观能动性。二是采取多种途径的物流人才培养模式，加强对人才的培养。加快建立产学研相结合的物流人才培养体系；引导和支持省内外有实力的高校积极探索物流人才的培养新模式；加强对现有物流技术人员和管理人员的再培训和再教育，通过定期举办物流讲座或培训班等形式，提高技术和管理人员的素质；采取"走出去"的方式，选派优秀的人才苗子到省外、国外学习先进的物流技术和管理经验，加快建设一支适应贵州现代物流业发展的专门人才队伍。这样才能把先进的物流管理理念和技术方法带到贵州，促进贵州物流产业的快速健康发展。

6.4 推进物流标准化体系建设

6.4.1 省外标准化建设的成功经验

与其他省相比，贵州物流标准化建设明显滞后，这些地区在推进物流标准化过程中所采取的一些措施和做法正是贵州所欠缺的，具体如下。

（1）建立以政府引导、社会参与、企业为主的物流标准化工作机制和协调机制，全力推进物流标准化建设。

以贵州物流标准化技术委员会成立为契机，加快整合各管理部门、科研机构、物流企业标准化资源，统一管理和组织贵州物流标准化活动。在充分运用已有物流标准的基础上，结合贵州物流标准化发展实际，联合贵州本土大型物流企业和相关的物流高校进行深入研究，统一协调公路、铁路、水路、空中等物流运输环节，形成统一的物流标准化系统，从而推动贵州物流标准化工作的良性发展。

（2）紧紧围绕贵州支柱产业、特色产业发展和周围经济区建设需要，建立健全标准体系。

围绕推动贵州支柱产业、特色产业发展及黔中经济开放开发、长江经济带、一带一路建设，大力推进物流标准化工作，结合贵州实际需要，以安全、优质、高效为核心，抓好物流基础设施一体化和物流资源共享相关标准的制定与实施，完善仓储、运输和加工增值等贵州物流地方标准，进而建立健全适用有效的包括物流通用基础标准、物流技术标准、物流管理标准、物流服务标准和物流信息标准在内的贵州现代物流标准体系。

6.4.2 国外物流标准化建设的成功经验

贵州推进物流标准化建设是节约物流资源、提高物流产业社会效益的有效途径。在这方面，德国、日本、加拿大等发达国家对发展物流标准化工作进行得比较早，许多先进经验和管理方法是值得我们学习和借鉴的。

1. 加强协会和政府部门的引导作用

早在20世纪80年代初期，国外许多发达国家就已经着手发展物流标准化这一重要战略，特别是日本、德国；围绕着EAN、UCC两大体系标准来推动物流标准化进程。1981年，国际物品编码协会成立。建立了全球统一的商品标识代码系统及条码标识，以条码识读为基础的POS（point of sales，销售终端）自动销售系统带来销售、库存管理、订货、结算方式的变革，同时也促进了条码系统的发展及其在更大范围、更多领域的应用，逐步从供应链的零售末端前推到配送、仓储、运输等物流各环节。近年来，EAN与UCC合作建立了全球统一的开放系统的物品编码体系及条码标识，为供应链环节的条码应用提供解决方案。在日本，企业对物流技术平台的处理手段极为重视，几乎所有的专业物流企业都是通过信息管理系统来处理和控制物流信息，为客户提供全方位的信息服务的。早在1995年，日本就制定了日本国内物流标准信息（Japan transport standard message，JTRN）（赵一勤，2008），1996年通过了日本运输省在日本政府支持下成立的物流EDI（electronic date interchange，即电子数据交换）推进委员会具体实施的方案。该委员会制定了物流标准EDI，以此为基础又确立了"高度物流信息化系统开发事业"计划。该项计划通过向物流行业开发引入先进的信息系统及EDI手段，达到大幅度提高物流效率的目的。物流EDI标准化的实施，不但使企业信息系统之间自动进行数据接口，而且还大幅度缩短了作业时间，实现了企业时间的无纸化沟通，降低了运营成本，有助于构筑通畅高效的供应链。

2. 推动编码技术、信息技术、通信技术、无线射频识别技术、数据采集和处理技术等高度标准化的技术在物流行业的使用

编码技术、信息技术和通信技术与物流紧密关联，在物流行业得到广泛使用。例如，货物编码一方面反映货物的名称、性质、生产日期等信息，另一方面则反映货物的发货人、收货人、货物的起讫地点、批量、交货日期等信息（周志权，2011）。它既反映了货物的属性，又反映了货物的运输信息。物品从下生产线开始流通起，就被贴上了编码，在各个转运点编码识别器自动读取数据，然后依据信息指令将货物送往指定地点。编码技术减轻了劳动强度，避免了差错，又提高了工作效率，并与计算机连接，将识别的信息输入计算机系统，实质上是对货物信息的查验和跟踪。

3. 重点整合物流标准体系

物流标准体系是包括了物流用语、物流基础设施和装备、物流信息、物流应用技术在内的一整套物流标准体系。在这套标准体系，存在国际标准、国家标准、行业标准和企业标准，通过这些标准来推进标准化建设可以做到每个步骤和方案都有据可依。通过这些标准实施不仅可以整合现有物流标准化资源，完善现有物流体系，还可以协调好各部门和各物流企业的物流标准化建设工作，为物流标准化的建设工作营造良好环境。

6.4.3　贵州推进物流标准化建设的对策建议

近年来贵州大力发展外向型经济，原有物流企业不断壮大，新兴民营物流企业迅速发展。贵州物流业虽然发展很快，但是物流发展水平还比较低，物流标准化程度也不高，物流标准化建设严重滞后的问题正日益凸现。建立切实有效的物流标准体系，协调、规范涉及物流的生产活动、技术设施、管理规范、服务质量等标准已成为一项刻不容缓的任务。一方面，推进物流标准化离不开政府部门的鼎力支持，

所以政府对物流标准化发展引导就显得尤为重要。切不可采取盲目地、无序地发展措施，对某些在改革过程中出现的错误听之任之，政府部门要切实做到明确物流标准化的发展方向、目标和重点，并提出切实可行的政策措施，为推进物流标准化建设提供重要保障。另一方面，在吸取国内外成功经验的同时也不能一成不变的"照葫芦画瓢"，需要根据自身因素来重新审视定位在推进物流标准化过程中所采取的发展思路和对策，要做到取长补短，好的可以接纳融合，不适合的则坚决剔除，这样才能使推进过程趋向于科学化、合理化。具体采用对策措施如下。

1. 加强政府在物流标准化工作中的主导地位

贵州地方政府首先要加强对物流标准化建设工作的组织和引导，并建立健全政府对物流标准化工作的组织协调机制。建议在贵州省商务厅下设立一个专门的标准化工作部门，由省发改委牵头，组织协调各单位各尽其责，合理分工，通力合作，统一协调和统筹规划在物流标准化发展中出现的重大问题。其次，是发挥地方政府的政策引导功能，改善现代物流标准化的发展环境。积极推进《物流企业分类与评估》国家标准的实施工作，政府对物流企业的政策支持要以企业的综合评估等级作为重要选择条件，同时动员物流企业积极参与贵州地方和行业标准的制定和相关标准的示范，并在资金上给予企业一定的支持。最后，要充分发挥贵州省物流标准化技术委员会的能动作用，大力改善贵州物流标准化的技术环境，因为物流标准化工作的综合性和专业性都很强，所以应尽快地成立由物流企业、科研机构、行业协会的专家学者，以及权威人士组成不同物流技术标准分委员会，以加强对物流标准化关键技术的研究和开发。同时，政府相关机构也要加强与企业之间的沟通协调，加快形成符合贵州社会经济实际情况的物流标准化工作新格局。

2. 加快建设物流标准信息库，有效提高物流服务能力和质量

在贵州物流标准化建设进程中，物流标准信息库的建设刻不容缓。第一，要以我国国家物流标准体系为指导方向，并严格贯彻实事求是原则，结合贵州实际情况编制《贵州物流产业常用标准目录》，收录和汇编最新的国内外物流标准，并根据自身的实际不断更新和完善，形成完全适合贵州物流标准化工作需要的标准目录。第二，要以贵州省重点的物流园区和物流行业领头企业为重点的服务对象，制定适合贵州物流企业的、使用效率性较高的物流标准化实施准则和指南，从物流设备、物流信息和服务、安全标准等方面进行相应的正确引导。在贵州物流标准信息库建成以后，可以尝试逐步的向全省企业开放及推广，为有需要的企业提供相应的服务。

3. 加强托盘标准化共用系统的建设与推广

贵州应建立标准化的通用托盘系统。首先，租赁和回收托盘能够加强托盘在各个企业之间的自由交换，那些使用一次性托盘来进行货物运输的企业将不再需

要用大量的成本去购买或自己制造托盘，而是直接向专门出租托盘共用系统的托盘公司租用可循环利用多次的托盘，并且所需要支付的租金成本不高，远远低于用一次性托盘的成本，能有效降低企业托盘的使用成本，从而吸引更多企业选用标准货架、通用叉车，以及租用和托盘相适用的运输车辆等，达到全面推进贵州物流标准化进程的目的。其次，要充分认识到实现托盘联运和一体化集成作业能够大大减少倒换托盘次数和装卸费用。托盘的规格必须能与货架、叉车、集装箱、运输车辆，以及其他搬运设备和设施等匹配得上，这样就能实现一体化的集成作业，提高工作效率。建立托盘共用系统，实现托盘联运和机械化作业，既可以有效避免由于传统人工搬运对货物造成的损坏，还能够避免货物不能有效集装所产生的计件错误。所以，建立起托盘共用系统对托盘在生产、物流和销售环节之间快速循环，降低企业之间倒换托盘的次数，避免货物人工搬运过程中的损坏，提高运输效率，增加供应能力，节约社会资源，实现可持续发展，降低物流成本，在贵州GDP中所占比重具有重要价值。

4. 加快物流信息标准的建设工作

在贵州物流标准化的推进工作中，物流信息编码、采集、交换和自动识别的物流信息产业是物流信息标准建设的重中之重，特别是要加大条形码、智能标签、无线射频识别、移动信息物流服务技术等方面的建设投入，完善并推广物品编码体系，大力推广电子数据交换技术，发展可视化技术、货物跟踪技术和货物快速分拣技术，并加大对这些信息技术标准研发和应用的投入。同时积极开发和利用全球定位系统（global positioning system，GPS）、地理信息系统（geographical information system，GIS）、智能交通系统（intelligent transport system，ITS）等运输领域新技术。

5. 充分发挥行业协会、中介组织及科研院校的纽带作用

在政府及有关部门的统一规划组织下，要充分发挥贵州省物流行业协会，以及各地区物流协会、中介组织和科研院校的作用，开展物流标准化研究与推广工作，为物流标准化建设服务。有关行业协会及中介组织应履行行业服务、自律、协调的职能，充分发挥其在物流标准制定、推广示范等方面的中介作用，成为政府与企业联系的桥梁和纽带，如集中利用分散在不同行业协会、中介组织及科研院校乃至企事业单位的人才，开展物流标准化研究、推广和咨询服务等活动。

6.5　加强物流产业集群宏微观层面的协同管理

物流产业的发展速度受制于经济发展的速度，为了使物流产业能很好地推动贵州社会经济的快速发展，客观要求贵州各区域物流之间实现协同发展，具体的对策与思路如下。

1. 强化企业间协作，整合物流资源

贵州多数物流企业的规模较小，在发展过程中受到自身规模及经济资本的制约，发展滞后。因此，需要一些物流业的龙头企业发挥带头示范作用，使这些大企业的资源优势得到最大限度利用，也使得小企业能够逐步采用高效的运营方式。另外，贵州通过整合区域内物流企业，形成高效的联合运营机制，实现规模化运作，构建有效的、专业化的物流服务体系，提高区域物流的运营层次和水平。

2. 建立统一、规范的供应链协同管理制度

物流产业集群供应链上的企业是一个有机的整体，供应链上的企业应通过共同制订相关计划、实施策略和运作规则，共同约定承担相应责任，有效地整合供应链内外部资源，来共同推动供应链总体目标的实现。例如，建立硬性文明契约来规范和约束供应链各节点企业的行为，实现供应链企业间制度协同，但制定契约时得考虑各企业的文化、竞争力等细节问题，才能保证制度对供应链各节点企业有一定的约束力。

3. 加大财政扶持力度，加快基础设施建设

在加强贵州各个区域间物流产业资源协调发展的同时，政府应该对区域内物流企业给予政策上的优惠与支持。贵州物流企业多以中小型为主，因此规模和资金是约束中小物流企业发展的重要因素。从这方面来讲，政府应当在现阶段给予物流企业在信息系统升级改造等方面一定的资金支持，同时放宽行业准入政策，吸引更多资本雄厚企业进入物流行业。这样一方面可以减轻政府的财政压力，另一方面可以使物流企业有更充裕的资金对物流设施设备进行优化升级。物流基础设施包括物流园区、物流中心、运输场站、仓储等设施。结合全省经济流向、产业聚集及交通布局等特点，加强物流基础设施建设，特别要加强对交通枢纽、物资集散地等大型物流基础设施的统筹规划和建设，充分考虑物资集散通道、各种运输方式衔接及物流功能设施的综合配套，尽快形成布局合理、仓储配送设施完善的综合运输网络，为物流产业发展提供重要的物质基础条件。

4. 建立物流信息共享平台

信息网络技术是构成现代物流体系的重要组成部分，也是提高物流服务效率的重要技术保障，同时信息化和技术化也是现代物流发展的一个重要趋势，实现贵州区域物流协同发展就更应该注重物流信息平台的建设，提高物流行业的现代化水平，确保物流活动中信息传递的及时性和真实有效性。建立物流信息共享平台能够使在现实当中缺乏联系和沟通的这些物流企业及时地了解相应的物流信息，实现资源共享、信息共用，对物流各环节进行实时跟踪、有效控制与全程管理，有助于提高物流参与方的工作效率，提升物流企业内部的资源优化配置。同时，建立物流信息共享平台也能使企业的物流活动高效准确地进行。区域物流信

息平台，能够使物流活动的各个参与者和节点都能及时准确地了解和有效地传递物流信息，打破政企间、企业间的信息壁垒，优化物流系统资源，使物流企业能够提供"一站式"的物流服务。利用计算机提供虚拟的环境和互联网技术，优化协调物流与各个生产环节，协调供应商、运输商、销售商、制造商最终客户之间的供应链活动，缩短产品开发周期，改善企业对外环境的应变能力，并迅速响应市场和客户的需求。例如，SAP、Oracle等大型ERP提供商现在都在致力于研究开发，如CPFR、VMI模式的供应链协同软件（赵广华，2010），弥补只注重企业内部ERP软件的不足，大大降低了信息沟通成本，提升整个供应链的运作效率。

5. 建立企业间的信任机制和明确的奖惩制度

供应链上企业间的不信任多表现为企业间的相互排斥，这主要源于不同的企业文化。Doney和Cannon（1997）研究表明，企业长期关系构筑、企业绩效提升、关系承诺和忠诚度的提高都依赖于企业间信任的存在。为了实现供应链的整体目标，需整合供应链各节点企业的文化，树立集群企业的文化归属意识，以相同或者相似的价值观去经营供应链，这样才会使企业间相互依存、相互依赖（李震和邓培林，2008）。当然，现实中，企业间信任的建立需要一个较长的过程，在这个过程中往往需要进行良好的信息沟通，通过供应链知识文化的共享，使其整条供应链各节点企业的价值观趋向一致，供应链协同管理才会最终实现。同时，对供应链各节点企业，用法律合同条款来防止企业间的欺骗行为，用奖金制度来褒奖企业提高供应链绩效的有力行动，使得各节点企业在做出任何决策时都必须考虑整个供应链利润。尽管企业自身利益没有达到最大，但其知道如果自身利益受损，可以从增加的供应链收益中得到补偿时，各节点企业将会服从于供应链的整体决策。因此，建立保证参与供应链协同企业的收益高于企业单打独斗情形的奖惩制度具有决定性意义。只有这样，才能真正保证物流产业集群供应链的协同运作。

6. 重视物流专业人才的培养

专业人才是一个行业发展的前提条件，要实现贵州区域物流协同发展，同样离不开相关的专业物流人才。物流专业人才不仅要掌握物流发展的相关专业知识，还应具备供应链管理能力。在对物流专业人才的培养中，相关机构应当引导物流企业、行业参与到物流人才的培训和教育工作，使人才培养能更好地配合物流企业和物流产业的发展需要。对此要加大对物流专业人才培养的投入，制订相关物流人才培养计划，鼓励物流企业加强与学校和科研机构之间的合作，积极尝试各种实践和应用，使物流从业人员能够在不断的实际工作中提升自己的物流专业素养及实际工作能力。

7. 加快贵州区域经济的发展

物流业本身属于第三产业服务业，这也就决定了物流业的发展必须要依附于相关生产和流通行业的发展而存在。区域经济的发展程度也决定着这些相关行业的发展程度，区域经济发展程度越高，那么区域内各个行业直接的协作和联系就会越紧密，与周边区域的经济往来也就更紧密，那么商品的流通和贸易也就日趋频繁。这些经济活动的相互协作都能够有效地促进物流需求，并且在这个过程当中，对物流活动的服务质量要求也就更高，这样就在一定程度上要求区域物流协同发展，区域物流的有效协作能够实现区域经济的一体化发展。

6.6　加强物流供需耦合系统协同发展的效果评价

6.6.1　物流供需耦合系统评价方法的选择

系统评价是系统科学研究评价理论的一个重要分支，它主要借助于科学的方法和手段对系统的目标、结构、环境、输入与输出、功能及效益等要素构建指标体系，建立评价模型，经过计算和分析，对系统的经济性、社会性、技术性、可持续性、有效性等进行综合评价，从而为决策提供科学的依据，其研究对象通常是自然、社会、经济等领域中同类系统或者同一系统在不同时期的表现。近年来，应用于系统评价的方法很多，如多元统计综合评价法、经济分析法、AHP法、功效系数法、专家评价法等。不论采用哪种方法，其大致评价步骤如下：①明确评价对象系统；②根据评价对象确定评价内容和目标；③明确评价的标值，如采用各种物理或经济单位，还可以是定性的分数、级数、序数等语言表示的程度；④选择评价的方式或者方法；⑤分析评价结果。

物流供需耦合系统是一个典型的复杂系统，其协同发展是一个动态的过程，根据复杂系统的特点，复杂系统评价具有多层次、多目标的特点。因此，对物流供需耦合系统的评价就属于典型的、具有时序性的、多层次、多目标问题。数据包络分析（data envelopment analysis，DEA）是解决此类问题时比较有效的方法（段永瑞，2006）。因此，这里选择DEA作为评价方法。数据包络分析是由美国著名运筹学家Charnes和Cooper等（1981）于1978年在"相对效率评价"概念基础上发展起来的一种新的系统分析方法。它将单输入、单输出的工程效率概念推广到多输入、多输出的同类型决策单元的有效性评价中。自1978年问世以来，该评价方法在国内外得以深入研究和广泛应用。DEA模型在时序性的多层次、多目标问题的评价方面具有以下优点：①DEA可以处理多输入和多输出的问题，而且不必事先设定决策单元的具体输入输出函数，使多层次、多目标评价成为可能；②在DEA模型中，评价指标权重的选取是通过模型运算得出的，评价过程没有人为地确定权重问题，减少人为因素对模型的干扰，使评价结果更加客观，同时，评价结果不依赖于输入和输出指标的单位制；③DEA的有效生产前沿面仅仅由有效评价单元组成，剔除了非有效评价单元，从而排除了由于统计误差等因素对有效生产前沿面的影响。DEA对于非有效的评价单元而言，不仅能指出有关指标调整的方向，而且能给出具体的调整量。一般形式的DEA模型C²R模型建模如下。

评价单元的效率评价指数为

$$h_j = \left(U^T Y_j\right) \Big/ \left(V^T X_j\right) \quad j = 1, 2, \cdots, n \tag{6-1}$$

式（6-1）是以第j个评价单元的效率指数为目标（$1 \leq j \leq n$），以所有评价单元的效率指数为约束，构成如下相对效率最优化模型。

$$\left.\begin{array}{l} \text{Max} h_0 = \left(U^T Y_{j0}\right) \Big/ \left(V^T X_{j0}\right) \\[2mm] \text{s.t.} \left(U^T Y_j\right) \Big/ \left(V^T X_j\right) \leq 1, j = 1, 2, \cdots, n \\[2mm] U \geq 0, V \geq 0 \end{array}\right\} \tag{6-2}$$

其中

$$X_j = \left(x_{1j}, x_{2j}, \cdots, x_{mj}\right)^T$$
$$Y_j = \left(y_{1j}, y_{2j}, \cdots, y_{pj}\right)^T$$
$$V = \left(v_1, v_2, \cdots, v_m\right)^T$$
$$U = \left(u_1, u_2, \cdots, u_p\right)^T$$

这里 $X_0 = \left(x_{1j0}, x_{2j0}, \cdots, x_{mj0}\right)^T$、$Y_0 = \left(y_{1j0}, y_{2j0}, \cdots, y_{pj0}\right)^T$ 分别为$j0$个评价单元的投入向量和产出向量，$h_0 = h_{j0}$。对式（6-2）进行Charnes-Cooper线性变换，得到如下形式的线性规划（P）。

$$\text{Max } h_0 = \left(q^T Y_{j0}\right)$$
$$\text{s.t.} \left(w^T X_j\right) - \left(q^T Y_j\right) \geq 0 \quad j = 1, 2, \cdots, n$$
$$w^T X_{j0} = 1$$
$$w \geq 0 ; \quad q \geq 0$$

其中

$$w = \left(w_1, w_2, \cdots, w_m\right), \quad q = \left(q_1, q_2, \cdots, q_p\right)$$

线性规划（P）的对偶形式为（D）

$$F^0 = \text{Min} S$$
$$\text{s.t.} \sum x_j e_j + S^- = x_{j0} F$$
$$\sum y_j e_j + S^+ = y_{j0}$$
$$U \geq 0 ; \quad V \geq 0$$

在应用DEA方法对物流供需耦合系统的协同发展进行评价时，将某个物流供需耦合系统，以及该系统中的供给、需求、环境子系统均视为DEA中的一个决策单元，它具有特定的输入和输出，努力实现系统协同发展的目标。它主要用于评价区域物流供需耦合系统协同发展的能力、程度和效果。对于整个耦合系统而言，协同发展的能力强、效果好，意味着耦合系统中供给、需求和环境之间协同运作，保持着一种良好、稳定且有序的状态。

6.6.2 贵州物流供需耦合系统协同发展的效果分析

DEA方法主要应用于从理论层面对物流供需耦合系统的协同发展效果进行评价，以分析该系统的协同发展效果的优劣。这里以贵州物流供需耦合系统为例，阐释DEA方法如何对耦合系统协同发展的效果进行评价，同时根据评价结果，提出应对措施。

1. 数据资料的收集

由于DEA方法的核心工作是"评价"，因此很难讲对某个目标，所采用的指标体系是唯一的。因此，一个常用的方法就是在实现评价目的大前提下，涉及多个输入/输出指标体系，然后将分析结果放在一起进行比较分析。根据2011年贵州省国民经济和社会发展统计公报，归集得到贵州省物流供给/需求/环境子系统的输入/输出指标数据，如表6-1~表6-3所示。

表6-1 物流供给子系统的输入/输出指标数据

物流供给子系统的输入指标数据	交通运输、仓储和邮政业固定资产（固定资产）/亿元	781.87
	运输线路长度（铁路营业里程、内河航道、公路里程的总和）/千米	118 614.6
物流供给子系统的输出指标数据	交通运输、仓储和邮政业生产总值/亿元	134.63
	全年货物周转量（铁路、公路、水运）/亿吨千米	952.82

表6-2 物流需求子系统的输入/输出指标数据（单位：亿元）

物流需求子系统的输入指标数据	第一产业固定资产投资	129.18
	第二产业固定资产投资	1 820.99
	第三产业固定资产投资	2 911.70
物流需求子系统的输出指标数据	第一产业生产总值	726.22
	第二产业生产总值	2 334.02
	第三产业生产总值	2 641.60

表6-3　物流环境子系统的输入/输出指标数据

物流环境子系统的输入 指标数据	教育固定资产投资/亿元	85.85
	信息传输、软件业固定资产投资/亿元	46.19
物流环境子系统的输出 指标数据	年末常住总人口/万人	3 469
	全年城镇居民人均可支配收入/元	16 495
	互联网宽带接入用户/万户	27.83

2. 各个子系统内协同发展评价结果

对于耦合系统而言，各个子系统之间的匹配程度称为"协同指数"，其值越接近1，说明各个子系统之间的匹配程度越好；而某个子系统内部投入、产出的比例称为"发展指数"，其值越接近1，说明该子系统内部的发展程度越好；最后，将"协同指数"和"发展指数"相乘得出的结果称为"协同发展综合指数"。在耦合系统发展过程中，协同和发展互为基础，如果"协同指数"或"发展指数"很高，而"发展协同指数"很低，对于整个耦合系统而言是没有意义的（王维国，2000）。利用上述指标数据作为输入输出，运用DEA模型的一般形式C^2R模型及数据包络分析DEAP软件的计算，即可得到相应的结果指数，从而对贵州物流供需耦合系统协同发展进行评价，计算结果如表6-4所示。

表6-4　物流各子系统的效度数据

物流子系统协同发展评价效果	协同指数	发展指数	协同发展指数
物流供给子系统协同发展评价效果	0.763	1.000	0.763
物流需求子系统协同发展评价效果	1.000	0.367	0.367
物流环境子系统协同发展评价效果	0.670	1.000	0.670

3. 贵州物流供需耦合系统存在的问题及应对措施

区域物流供需耦合系统是由区域物流供给、区域物流需求和区域物流环境三个子系统组成，这三个子系统之间的协同指数、发展指数、协同发展指数即表明了区域物流供需耦合系统本身的协同发展情况。通过对表6-4中贵州省物流供给子系统、需求子系统、环境子系统的协同指数、发展指数、协同发展指数等数据分析发现以下内容。

（1）贵州物流供需耦合系统供给子系统的"协同指数"较低，而"发展指数"为1，因而造成其"协同发展指数"较低，说明由港口、公路等各种物流基础设施，物流园区、物流企业等组成的供给子系统内部协同效果较差，造成其协同发展效果较差。

（2）贵州物流供需耦合系统供需求子系统的"协同指数"为1，而"发展指数"较低，因而其"协同发展指数"较低，说明由各个产业组成的需求子系统，相互促进、共同发展的效果较差。

（3）贵州物流供需耦合系统环境子系统的"协同指数"较低，而"发展指数"为1，因而其"协同发展指数"为较低，说明物流政策支撑主体，自然资源环境等组成的环境子系统协同发展效果较差。

（4）由上述各个子系统的协同发展指数可以看出贵州物流供需耦合系统的协同发展效果并不理想，还需要实施相应的措施进行进一步的改善。

同时，通过对上述数据的分析还发现，制约贵州物流供需耦合系统协同发展的瓶颈主要表现在以下方面。

（1）适应物流供需耦合系统协同发展的体制尚未建立。物流供需涉及多个部门和行业，存在大量的发展政策、发展战略及规划法规、组织管理工作，总体协调必不可少。而当地物流供需耦合系统与其他产业不协调，缺乏统一规划，适应物流供需耦合系统协同发展的体制尚未建立。

（2）物流供需服务体系建设滞后。当地物流服务系统建设相对滞后，现有物流基础设施水平较低，运输工具速度慢、能耗高，专业化物流基础设施，如物流中心、配送中心、高架自动仓库等均处于初级发展状态，这将在很大程度上制约贵州物流供需耦合系统的协同发展。

（3）物流供需网络系统建设落后，包括基础设施网络、企业服务网络、信息网络在内的物流供需网络系统建设落后，缺乏在贵州及全国开展物流网络化服务的条件。

（4）物流供需耦合系统内置质量亟待提高。由于交通运输、物资流通、信息服务等目前尚不是按照物流活动规律、供给及需求进行组织和管理，因此物流供给和需求等各个环节的衔接相对较差，运转效率不高。

因此，为了更好地实现贵州物流供需耦合系统的协同发展，达到预期目标，结合贵州的实际情况，同时借鉴外地的经验，本书认为当前应该做好以下工作。

（1）制定有利于物流供需耦合系统协同发展的相关政策。现代物流的发展离不开强有力的政策支持。要使物流系统的协同发展，必须要认识到其建设是一个工程。例如，制定物流供需系统发展的相关优惠政策，包括物流配送的"绿色通道"政策，对重点物流企业进行税收奖励政策等，进一步加大扶持力度，改善政策环境，都能够有力地促进物流供需耦合系统的协同发展。

（2）完善基础设施。例如，加快建设高速公路、铁路、机场扩建等重大功能性、枢纽性项目，推进大型现代物流基地建设。通过政策引导，扶持航运、物流、金融、信息等服务业发展，培育统一开放、辐射周边的物流市场。

（3）发展现代物流。按照专业化、信息化、智能化要求，加快培育和发展一批服务水平高、竞争力强的大型现代物流企业。同时，要采取多种形式，加速人才资源的开发。例如，鼓励高等院校按照市场需求培养专业人才，积极扩宽人才引进渠道等。

（4）加强区域物流资源的整合与优化配置。整合运输和管理体系，加强铁路、公路、航空、水运等各种运输方式之间的衔接，提高物流效率。整合产业布局，鼓励交通运输、批发仓储、货运代理等形式，形成良性互动的供需关系。

6.7 重视工商企业物流业务的外包

进入21世纪，工商企业要想在竞争中立于不败之地，必须根据自己的特点，培育企业的核心竞争力。供应链管理理论认为，企业应该将主要精力放在核心业务上，将非核心业务外包出去，才能为企业带来潜在的巨大收益。但并非所有的物流业务外包均能够成功，不恰当的物流业务外包可能会给企业经营造成致命打击。因此，形成一套科学的物流业务外包策略和正确的物流业务外包风险防范意识，对于工商企业成功实现物流业务外包具有重要意义。所谓工商企业物流业务外包，即工商企业整合利用其外部最优秀的一切专业化资源，从而达到降低成本、提高运作效率、充分发挥自身核心竞争力的一种管理模式。在当今社会分工日益细化的大背景下，将物流业务外包给专业的第三方物流服务提供商，对于企业降低物流成本、规避风险，提高企业核心竞争力，提高企业的运作柔性和企业形象等具有重要意义。据美国《财富》杂志1998年7月20日的一期报道透露，全世界年收入达5 000万美元以上的公司，都普遍开展了业务外包（张峰，2011），所以物流外包已经被事实证明是一种先进的工商管理模式。但任何事物都是一把双刃剑，物流外包的每个流程都存在着潜在风险。据有关调查表明：在实行物流业务外包的企业中有1/3的企业外包存在一定的问题（韦国松等，2006）。虽然企业实行物流业务外包是机会与风险并存的，但因外包带来的收益往往大于风险所带来的损失，贵州工商业企业应该积极认识到物流业务外包的迫切性。本节首先对工商企业物流业务外包的策略和风险进行分析，并以遵义龙咀制气厂为具体研究对象，分析该制气厂物流业务外包现状和物流服务供应商对企业的价值，最后提出了优化该制气厂物流业务外包的思路及对策。

6.7.1 工商企业物流业务外包策略及风险分析

企业在决定物流业务是否实行外包，在决策上要从战略层次考虑，看物流是否构成企业的核心能力；还要考虑企业自营物流和外包成本的比较，科学地明确物流外包范围。总的来说就是看在其各项物流业务方面是自营成本低、还是外包成本低，如果自营成本大于外包成本，就将该物流业务外包，否则，实行自营。

1. 采取合适的物流外包形式

企业物流外包形式及其外包管理策略是企业战略的重要组成部分，企业物流外包策略必须要与企业经营战略保持一致（崔介何，2008）。由于不同企业有不

同的经营战略，因此它们选择的物流外包形式也各有所异，工商企业要根据企业
发展战略明确物流外包的形式。具体的物流外包形式包括：①物流业务部分外包，
将部分自营业务或者低效的自营业务外包给第三方物流服务提供商；②物流业务
完全外包，这是最彻底的形式，如果企业不具有自营物流的能力，自营成本大于
外包成本就应该采取这种物流业务外包形式；③物流系统接管，也叫社会化物流，
是企业将物流系统全部卖给或者承包给第三方物流服务提供商；④战略联盟，这
种形式是通过与第三方物流企业合资，保留物流设施的部分产权，并在物流作业
中保持参与，共享彼此提供的资本和专业服务；⑤物流系统剥离，企业将物流部
门分离出去，使其成为一个独立的子公司，公司允许其承担其他企业的物流服务
（李华峰和于洋，2006）。例如，美的控股的安得物流公司就属于这种情形。

2. 非核心业务外包

非核心业务是指不是建立在企业核心资源基础之上，不能为顾客带来利益、
不能支撑企业可持续性竞争的劣势业务。外包推崇的理念是，如果工商企业自身
在供应链中某一环节上的活动不是所处环境中最好的，并且也不是自己的核心业
务，那么应该将其外包给在这一供应链上最具有核心竞争优势的企业去做，这样
有利于企业更多地创造价值（周晓华和柴伟莉，2010）。工商企业在实行外包决
策中首先就是要正确认识企业的核心业务，然后将非核心业务外包给独立于自己
控制之外的专业化公司，使自身非核心业务与外部专业资源有效结合，产生最大
的协同效应。

3. 直达运输外包与中转运输外包

直达运输是指将商品从产地直接运到需求地的运输，中间不需要经过各级中
转环节。如果企业所需货物运输里程较远、批量较大，且没有匹配直达运输的物
流设施，就应该实行直达运输外包，可以减少商品的周转环节和商品损耗，节省
运输费用。中转运输是指商品送到某一适销地点，再进行转运、换装或分运，即
商品运输不直达目的地，需要在中途变换运输方式或更换运输工具的一种运输方
式（蓝仁昌，2011）。如果最终消费者市场比较分散，物流配送网络密集，企业
不具备在中转运输配送上投入相关软硬件设施的能力，就应该实行中转运输外包，
对于货物做到统一发、收、转，适应商品多渠道运输、商品合理组配，满足消费
者需求具有重要的意义。

4. 大件物品外包与小件物品外包

大件物品就是在重量、体积上占有优势的物品，相对于企业的综合物流设施
不能完成其物流流通。因为国家对大件物品的物流工作有严格要求，不是一般的
物流设施可以完成的，如汽油、天然气这种危险品在运输过程中就需要专业物流
运输公司的油罐车、气罐车，在安全方面有着严格的要求。如果工商企业的自有

设施不能完成大件物品的流通，则需要外包特殊的物流设施来完成。小件物品则与大件物品在重量上和体积上相反，一般的物流设施就可以完成其物流工作，比大件的物品要方便、随意。但小件物品不管是在运输、仓储，还是配送环节的装卸工作都是很耗费时间和人力的，而且小件物品的最终消费者大都是分散在支线物流网络地域，如果工商企业在中转物流设施不具备优势，没有具备构建配送网络的能力，则需要将这部分小件物品的末端物流外包。

5. "重资产"外包与"轻资产"外包

重资产的运作在于自己投资建立物流设施，购买物流设备，这样容易掌握内部供应链出现的各种现象和问题。但对于一些规模小、资金少且资产回报周期长的企业来说，实行重资产运作是不现实的。它们只有将"重资产"外包，实行轻资产运作经营模式，与第三方物流企业建立了合作关系，才能弥补自身规模小、资金少等劣势。轻资产外包是因为企业不具备产品在管理、设计、销售、信息系统构建等方面"软资源"的能力，只有将自身重资产的优势与外部轻资产的有机结合，才能盘活企业固定资产，提高企业资产回报率与折旧率。例如，富士康外包了苹果公司手机、平板电脑的设计，利用自身的物流设施重资产优势，负责产品的分拣、流通加工、包装等作业。

6.7.2　工商企业实施物流业务外包的潜在风险

任何事物的发展都是一把双刃剑，有其积极的一面也有其消极的一面。物流外包和第三方物流已经被证明是一种先进的工商管理模式，其优点显而易见。但它也并不完美，在带来竞争优势的同时也不可避免地引发一些问题，如企业内部员工抵制、企业机密外泄与信息传递风险、竞争对手模仿与赶超等。

1. 丧失对物流业务的控制，影响企业发展

企业实行物流业务外包，即将一些非核心业务外包给第三方物流企业，慢慢地就会失去对这些产品的了解，有可能丧失对这些产品和服务的一部分控制力，加之对有些外包商过度放任，增加了企业运营的不确定性，甚至会影响到今后业务的发展。例如，2012年广药集团和加多宝公司关于王老吉商标之争闹得沸沸扬扬，广药集团的核心业务是医药药品，而将无心顾及的凉茶业务的商标外包授予加多宝公司经营，在加多宝公司将王老吉做大做强后，广药集团试图将王老吉商标收回自己来做。但是，经过10多年的艰难经营，加多宝公司已牢牢掌握凉茶的营销渠道，将广药集团远远地甩在后面。实际上，广药集团已经失去对凉茶营销渠道的了解，想收回王老吉来重新打造自己的营销渠道非常困难。

2. 降低用户满意度，影响客户关系

企业物流外包之后，企业与用户的沟通逐渐减少，不能取得所需的用户需求

信息。长此以往，企业将失去对物流活动控制，用户满意度降低，从而带来一定的风险（王文娟，2011）。例如，在物流市场还不完善、比较混乱的遵义两城区，红四方物流公司物流网络在遵义地区覆盖较全、服务态度好、综合物流成本报价低。为了降低运输成本，当有些客户的零担货物要发货至一些乡镇地区时，就是将业务外包给一些专线的民营货运部。由于这些货运部经营管理不健全，常常服务达不到客户的预期要求，不仅影响自己货运部的声誉，还降低了用户对红四方物流公司的客户满意度，影响红四方物流公司与客户的关系。

3. 企业机密外泄和信息传递风险

物流、资金流、信息流、商流是四位一体密不可分的，物流部门与其他部门是紧密联系，这意味着企业信息平台要与第三方物流对接，而物流环节又包含大量的企业机密数据，从而导致企业的一些商业机密被第三方物流企业掌握，难以确保企业机密的不被外泄和核心数据不会失控（王文娟，2011）。例如，在昆明市一家专营第三方物流的公司，其最大客户是一家桶装水生产厂，在两家公司合作一段时间后，这家公司便掌握了桶装水生产厂的客户信息与配送网络等信息。随后，这家第三方物流公司搞起了桶装水生产厂，给原来那家桶装水生产厂的市场份额造成了严重侵蚀，第三方物流公司运用自己配送网络优势结合所掌握的客户信息很快地进行桶装水厂的经营，原桶装水厂的经营受到了严重打击。

4. 企业内部员工抵制

企业将物流业务外包给第三方物流公司后，会节省一些不必要的人力资源，就会精简机构，对企业进行业务流程重组。这个过程必然会威胁到一些员工的利益，从而受到这部分员工的抵制，使正常的生产经营活动无法完成。例如，龙咀制气厂在2007年重组前，是一家有着60多人的民营企业，从气体生产、安检、装卸、配送等各环节都出现人员重叠的现象，后来这些工作人员得知的制气厂与另外2家企业要重组，并且将气体的生产采购、配送等进行外包时，很多工作人员都在为自己的职位而担忧，生产部和配送部更是出现了罢工，使制气厂在近两周的时间里处于停产状况，不仅影响企业的健康发展，也间接影响了整个下游用气客户正常营运。

5. 连带经营风险和财务风险

如果物流服务提供商由于自身原因而导致经营失误，可能会连带影响企业的正常经营。企业在选择物流外包服务商时会产生相关的费用及风险，如谈判和签订合同费用、管理费用及风险发生后导致企业物流成本增加的财务风险等。例如，龙咀制气厂配送商销售给客户的氧气，由于氧气开关年久破损，造成高压气体冲出给消费者财产带来一定损失。一般赔偿责任是不能明确判断的，为了不影响制气厂和分销商之间的友好长期合作关系，通常情况由两者共同赔偿消费者损失。

还有就是一些信用较低的客户有钱拖着不还，或者配送商扣押销售货款，造成龙咀制气厂资金周转困难、生产外包经营停滞，影响企业健康有序发展。

6. 被竞争对手模仿与赶超的风险

工商企业在物流业务外包过程中，当物流外包供应商力量非常强大时，企业可能失去了原来的核心竞争力和优势资源，从而被竞争对手模仿和赶超。例如，贵州自游空间旅行社是贵阳市一家规模较大的旅行社，其组团业务量要大于地接业务量，旅行社原有5辆大小不同的旅游接待车，由于游客接待量不是很大，5辆车利用率并不高，于是就将5辆车变卖，而外包另一家规模较大的地方接待旅行社龙行神州下属车队的旅游接待车。由于自游空间要外包旅游接待车辆，在向外界组团社报价时就比龙行神州的报价要高，而龙行神州这样的在旅游产业链上有一定规模的地方接待旅行社在综合报价上就要比自游空间低，所以很多外省组团社都热衷于要龙行神州做地方接待旅行社。随着近两年旅游业的不断升温，龙行神州以自己综合报价低的优势侵占了不少自游空间的地方接待市场份额，早已在地方接待业务上赶超自游空间。

6.7.3　遵义龙咀制气厂物流业务分析

龙咀制气厂位于遵义市红花岗区东联线中国航天天马机电公司内，公司创于2007年，其前身是由遵义市两城区内三家民营制气厂重组而成。此后迅速成长为整个黔北遵义地区范围内工业、医用气体流通加工、分销、配送及气体相关产品和服务的领导者。根据对遵义龙咀制气厂气体供应链分析，可知该制气厂气体配送供应链主要是自营配送与外包配送相结合，如图6-1所示。

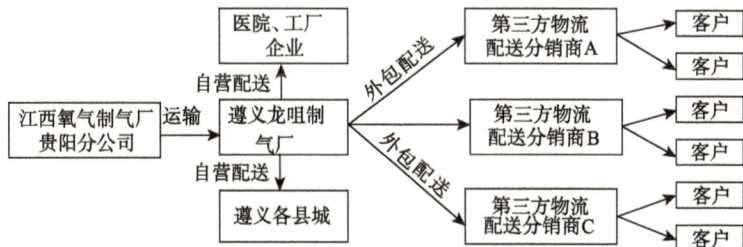

图 6-1　龙咀制气厂供应链结构

该制气厂下设总经理、财务部、采购部、充气车间、安检车间、装配车间、配送组等职能部门，供应加工工业氧气、医用氧气，乙烯、二氧化碳、氩气等气体产品及服务。直至2012年，龙咀制气厂已成为遵义地区最大的气体供应企业。其公司愿景是成为贵州黔北、黔西北、黔东铜仁地区气体供应的行业巨头。但随着遵义市近年来宏观环境的不断变化和消费市场由卖方市场向买方市场的转变，庞大的垂直一体化公司再也无法适应变化迅速、需求多样化的消费市场。龙咀制气厂管理层发现独立于自己控制之外的专业化公司不仅能够完成基本工作，有一些工作甚至比企业职能部门做得更好，为了加强企业职能部门与外部专业化公司的分工合作，企业管理层决定把一些非核心物流业务，如气体干线与中转运输、大件液氧罐运输、企业固定重资产和配送车辆购置等外包，还将非核心产品，如乙烯、二氧化碳、氩气、天然气等在生产、运输、配送环节进行外包，从而使自己成为一个能灵活抵御内外部风险的轻资产企业。

1. 遵义龙咀制气厂的核心产品及核心物流业务分析

随着社会发展，企业要想在竞争中立于不败之地，必须根据自身特点不断发现、培育、发展和保持企业的核心竞争力。龙咀制气厂核心产品是市场需求量大、产品性价比高、市场份额占有率高的氧气，而核心物流业务是充气环节流通加工，其他物流环节，如气体的生产、运输、卸载环节流通加工、配送、产品售后服务等都是非核心物流业务，这些业务已外包。该制气厂是一个轻资产公司，主要通过流通加工获取配送外包供应商和生产外包供应商之间的差价获得企业利润。因此，产品氧气与充气环节流通加工构成企业的核心竞争力。

2. 遵义龙咀制气厂物流业务外包环节分析

龙咀制气厂物流外包主要是在气体生产、运输环节，以及送气到厂后卸载环节流通加工、分销配送等环节，而较为频繁的充气环节流通加工、装卸搬运并没有实行外包，是由公司充气车间和装配车间的工人来完成。龙咀制气厂的氧气是由江西氧气制气厂贵阳分公司外包生产，如果企业投入相关生产线自行生产，所需成本太大，并且整个遵义地区的需求量还不至于公司投入庞大的生产线来生产，无法实现规模化生产。因此，龙咀制气厂一般采用大批量、少批次这一较为传统的采购生产模式，这一采购生产式与公司主打经营产品氧气销量大、价值低的具体情况相符合。但江西制气厂贵阳分公司是其在遵义地区的唯一供应商，在整个气体供应链中位于上游，处于强势地位，使龙咀制气厂在外包气体生产中处于被动地位。供应商的决策变动影响着制气厂甚至整个供应链下游的一系列物流环节，整个下游处于劣势地位，有着很多不确定的供应风险。

1）进货环节运输业务外包

为了减少货物周转环节，公司主要经营产品氧气采用大批量、多批次采购生产模式，气体运输由供应商来完成。当公司库存殆尽时，由采购处工作人员提前一天直接拨通制气厂分公司订货热线，贵阳距遵义约180多千米，当天分公司就可以将氧气加工压缩为液氧在罐装车内，采用门到门的公路运输送达公司。

2）卸载环节流通加工外包

液氧由供应商送货到厂后，直接在厂内将液氧从车上液氧灌卸载放出，放进制气厂的液氧灌，气体进入制气厂液氧灌后又将被压缩为液氧存储，液氧压缩将氧气从气体变为液体，主要是为了压缩体积增加存储空间。从而实现氧气——液氧——氧气——液氧的卸载加工流程，整个流程在运输灌装车上进行纯机械的自动化操作，制气厂不需要投入较大的人力在该物流环节，这一系列卸载环节流通加工实质上也是外包给制气厂分公司。这样不仅缩短了流通加工的时间，还最大限度地增加了液氧存储的空间，间接节省了产品在加工环节的人力成本和库存成本。

3）配送环节业务外包

龙咀制气厂物流配送作业是自营与外包相结合，但外包比例远远大于自营。对于那些分散、行业较为特殊、产品需求灵活多样、订货批次少、批量小的用户，其配送业务由独立于制气厂之外的第三方物流配送分销商来完成。第三方物流配送分销商配送车辆购置及相关成本费用等均是由自己承担、自负盈亏，这类市场资金回笼周转最快，往往能够实现货到付款。不管是对第三方配送商还是对公司来讲，财务风险都相当小，公司也热衷于把这类需求客户的配送业外包给专业配送分销商，分销商配送是龙咀制气厂各物流业务外包环节的核心。由于各零散需求市场分布地域广且灵活，具有配送批量小、批次多等的特点，制气厂不得不与多家配送分销商进行合作才能满足市场需求。但各配送分销商有时也会为扩大市场份额而采取，如低价销售、赠送相关产品的外设零配件，甚至降低产品和服务质量等不正当竞争手段，这不仅破坏行业的市场经营秩序，还影响制气厂对下游外包配送商管理决策的正确判断，长此以往也会影响企业健康有序发展。

6.7.4　遵义龙咀制气厂物流服务供应商价值分析

在当今物流业务外包的大趋势下，选择合适的第三方物流服务提供商对成功实施物流外包至关重要。选择适合本企业发展战略的第三方物流服务提供商，不仅可以提高企业经济运作效益，还可以提高整个社会物流效益和物流服务满意度。

1. 气体供应商价值分析

龙咀制气厂的液氧供应商是江西制气厂贵阳分公司（简称江西制气厂），其供应液氧质量高、价格低，其性价比比自行生产的要高，贵阳也在龙咀制气厂经济合理的采购区域范围内，在供应配送能力上江西制气厂也是龙咀制气厂的最佳选择，对于制气厂平时采购和应急采购具有强大的应急保障能力。而且，江西制气厂是龙咀制气厂在贵州地区的唯一供应商，龙咀制气厂也是江西制气厂在遵义地区的唯一销售客户，在长期发展过程中，两者相互依赖。在龙咀制气厂合并重组前，三家民营制气厂都是各自为政，生产氧气的原材料采购、生产线的购置及生产、运输、分销等均由企业自己完成，不仅造成最终产品的产能过剩、质量低下，还导致各企业为扩大市占有率纷纷实行低价销售策略，使三家企业在市场上存在相互博弈的激烈竞争关系。再加上产品在运、分销等环节也是企业自己经营的，各企业经营状况都是相当惨淡。重组后的龙咀制气厂与气体供应商建立了战略合作伙伴关系，对于龙咀制气厂减少资本投入、降低生产成本、扩大市场份额、提高资产回报率和利润、规范行业经营次序、提高社会物流效益和经济效益等方面具有重要意义。

2. 配送供应商价值分析

龙咀制气厂配送分销商多数人员是龙咀制气厂合并前三家企业的管理层或员工，他们对行业有着深刻的认识、相关工作经验非常丰富，外包给他们的主要是市场需求较大、较分散的个体客户，这也避免了公司在成立之初和发展过程中人才流失和人力资源成本的过多投入，而且这些配送分销商在配送车辆、产品包装物的购置和养护、装卸员的工资、相关产品的服务设备等均自行解决，这极大减少了公司在配送环节资本的投入。配送分销商积极扩大自己的市场份额，不断提高自己的产品和服务质量，这对于提高末端物流效益，满足分散客户多样化需求，做好"最后一公里"服务具有重要的意义。因此，配送分销商的选择在企业市场发展战略上不可小觑。

6.7.5　优化遵义龙咀制气厂物流业务外包的对策建议

工商企业物流业务外包策略关系到整个企业的发展，是整个企业全局发展战略的重要组成部分，企业将物流业务外包后，必须做好充分的准备，优化企业流程，做好相应的配套服务工作，使其标准化。

1. 优化液氧生产外包供应商结构

工商企业物流业务外包策略确定后，需谨慎从市场上众多物流外包供应商中，综合比较选择出价格低、服务质量好、信誉度高、从业经验丰富的第三方物流服务提供商，且要避免单一供应商给企业带来损失，要加强协调巩固与多供应商之间的合作关系。

1）建立液氧供应商的激励竞争模式

为了规避供应中断风险，让供应商提供优质的产品和服务，制气厂应建立两家或两家以上供应商的激励竞争模式，选择一家潜在液氧供应商分摊供应环节中断的风险（周永生和黄昊，2012）。虽然江西制气厂液氧供应在遵义地区的供应处于强势地位，但制气厂可选择距离遵义较近的四川泸州制气厂作为潜在液氧供应商，这样不仅可以建立两家液氧供应商的竞争模式，还可以激励两家供应商始终保持旺盛的竞争力，促进供应商不断创新，提供优质的产品和服务。

2）加强合同管理和合作关系管理

企业选择确定不同的生产外包供应商后，双方应签订外包供应合同，在合同中，应包括企业的服务需求、价格、付款方式、双方责任等（李向辉，2009）。

龙咀制气厂在建立了江西制气厂与四川泸州制气厂的竞争激励模式后，应该同两家供应商签署外包供应合同，明确服务需求，保证服务质量，准确地列出将要外包的项目。例如，由两家供应商直接运输送货到厂、卸载环节流通加工要实现氧气从氧气——液氧——氧气——液氧的流程、付款方式是月结还是季度结等。虽然龙咀制气厂与两家供应商签署合同，但制气厂不能过于亲近某家供应商而忽视另一家供应商。在建立供应商竞争激励机制时，要平衡与两家供应商的合作关系，这样才会使供应商对长期合作充满信心，才会提高供应商的忠诚度，才能从根本上避免制气厂供应中断的风险，使供应商始终保持旺盛的竞争力。

2. 重组充气环节流通加工和装卸搬运流程

近两年遵义地区的经济形势发展较好，配送分销商所接订单也较多，充气环节流通加工和装卸搬运的高效运作是企业产品附加值来源的源泉，也是企业核心产品扩大市场份额的重要环节。由于气体包装瓶标准化程度较高、重量较轻，不适合装卸搬运机械的操作，一般都是人工完成。如果当分销商们集中下订单来取货时，就会影响充气环节的流通加工和装卸搬运环节的物流效率，往往会导致分销商们等待取货时间过长、装卸人员工作时间集中且较长。所以，龙咀制气厂充气车间和装配车间的运作效率已经跟不上日益增长的市场需求的步伐。

1）重组充气环节流通加工

龙咀制气厂充气车间的现有充气设备有2套，工作人员为4人，2人一组，每组每天上班8小时，是非常人性化的"一天一休"班制，也使其每天的产气量并不是很高。所以，充气车间要增加液氧在流通加工化环节各项设备和基础设施的投入，如扩大充气车间的基建空间、充装设备的数量，实行"两天一休"班制等来提高设备利用率、扩大产能、增加产品库存量，以此满足日益增长的市场需求。

2）优化装卸搬运流程

各配送分销商车辆车厢的高度与装配车间月台的高度往往不一致，有的高于月台、有的低于月台，每次给配送分销商搬运装载时效率较低，加之安检车间人员工作时间不固定、有一定的随意性，导致充气后产品进入装配车间的满品区也存在一定的随意性和不固定性。因此，装配车间要与安检车间加强沟通和协作，不仅要提前做好安检工作，还要"保其质、保其量"，安检后的产品应及时转移到装配车间的作业目标范围内，以免出现配送分销商取货时出现取货定位困难、无货可取的情况。装卸工作人员要有工作流程标准化的理念，在装配环节的各步骤中要用标准化、高效化的流程来完成，如与企业主管负责人、配送分销商进行面对面沟通协商，对产品出库的月台和经销商采购配送车辆货箱的高度等各项数据参数实行统一规定，以提高装配人员在产品装卸环节的工作效率和配送分销商在企业内部集散的速度。

3. 慎重选择第三方物流配送商

选择好的分销商将有助于节约企业的交易费用、回避交易风险、提高库存管理效率，为客户提供更好的服务等。企业选择分销商之前，必须明确企业自身特点，这样才能找到真正适合自己的分销商。

1）确定选择对象和评价指标

确定选择对象和评价指标非常重要，主要是为了明确第三方物流配送商要达到的要求。这些要求必须与企业整体的长期目标、规划及战略相适应，要为企业提高核心能力和市场竞争力服务。龙咀制气厂之所以要将配送业务外包给分销商，是因为这些分散市场的需求占比相当高，而企业自营物流又不能很好地满足这些市场的日常供应需求，为了扩大市场份额、增加企业营业收入，慎重选择分销商实行配送外包符合企业自身情况和市场战略定位。企业还应结合经营目标及对分销商的要求，设计具有可操作性的评价指标体系，从多方面权衡各种指标，全面考察现有和潜在的合作伙伴，从中做出较优的选择（黄荣光，2008）。龙咀制气厂的评价指标包括分销商对行业的熟悉程度及经验、市场覆盖与地理区位优势、经营实力、商誉及道德水准、销售团队能力、财务状况及管理水平等。

2）确定合适的物流配送分销商

通过对物流配送分销商进行综合评价，选出可行的分销商，接下来就是与选定的分销商进行沟通，确认他们是否愿意与企业建立合作伙伴关系，是否有获得更高业绩水平的愿望。龙咀制气厂在确定合适的配送经销商，要与它们分别签订配送业务外包合作合同，在合同条款中应列明配送商各自供应服务范围、定价机制、奖励与处罚机制等硬性条款，防止各配送商盲目竞争，破坏行业经营秩序，以保证长期稳定的零散市场供应。

3）建立外包配送商有序的市场经营秩序

为了规范遵义地区整个行业的市场秩序，龙咀制气厂应起带头作用。组织各物流配送分销商进行座谈交流，签署市场战略合作协议，如建立有效的价格统一调节机制，划分各自配送市场范围，建立违反协议后的严格奖惩机制等。制气厂还要成立战略合作协议监督小组，对协议签署及履行、奖惩等工作进行公开、公正的监督，必要时要求各物流配送分销商应向龙咀制气厂缴纳协议保证金，由制气厂监督小组进行公开、透明管理；当各物流配送分销商违反签署的市场战略协议时，由监督小组进行保证金的划拨，以最直接的经济利益惩罚破坏行业秩序的物流配送分销商，而利益被侵害的物流配送分销商也会得到监督小组划拨保证金的利益补偿。这样有助于各物流配送分销商加强自律管理，促进市场秩序的健康发展，保障制气厂零散用户这一核心市场的物流供应。

6.8 本章小结

本章针对贵州物流产业集群支撑体系建设存在的问题，就完善贵州物流产业集群支撑体系建设给出了一系列的对策建议，具体如下。

（1）加大物流基础设施建设。从发挥政府职能、整合企业资源、培养物流人才、建设信息网络设施、树立绿色物流理念、建设优化路网等方面提出了对策建议。

（2）壮大第三方物流体。从加大企业间兼并重组、建立设施设备租赁市场、推广先进物流技术设备、引进培养物流专业人才等对策方面提出了对策建议。

（3）推进物流标准化体系建设。通过省外国外物流标准化建设的成功经验的分析，从建设物流标准信息库、建设与推广托盘标准化公用系统、加快物流信息标准、发挥行业协会及中介组织及科研院校的纽带作用等方面提出了对策建议。

（4）加强物流产业集群宏微观层面的协同管理。从企业间协作、供应链协同管理制度、财政扶持、物流信息共享平台、企业间的信任机制和奖惩制度、物流专业人才培养等方面提出对策建议。

（5）加强物流供需耦合系统协同发展效果评价。以贵州物流供需耦合系统为例，选择DEA作为对物流供需耦合系统的评价方法，阐释DEA方法如何对耦合系统协同发展的效果进行评价，同时根据评价结果，分析制约贵州物流供需耦合系统协同发展的瓶颈，并提出了应对措施。

（6）推动工商企业物流业务的外包。以遵义龙咀制气厂为例，分析该制气厂物流业务外包现状，并从气体供应商和配送供应商价值两个方面分析物流服务供应商对企业的价值。从优化液氧生产外包供应商结构、重组充气环节流通加工、优化装卸搬运流程、选择第三方物流配送商等方面提出了对策建议。

第7章 现代物流产业集群研究总结及展望

7.1 主要研究结论

（1）建立现代物流产业集群能够整合贵州省弱小物流企业的资源和能力，可以加快物流产业的高效运作，推动贵州工业产业园的发展，进而推动贵州社会经济的发展。目前，贵州物流产业集群效应已初步显现并呈现不断发展态势。

（2）贵州物流产业集群的建设需要政府对其进行积极引导。具体包括完善物流产业相关的政策法规，推动物流市场规范发展；培育一大批具有专业水平、拥有规模经济效益及相关信息技术的第三方物流企业，加快物流专业人才的培养。

（3）贵州物流产业集群的发展必须依靠便捷的交通，需加强贵州高速公路和高速铁路的路网建设。但是，因为发展基础薄弱、地形限制等，贵州在物流线路建设、物流节点建设方面的成本仍旧居高不下。同时，贵州还存在物流信息技术应用不充分、物流专业设施建设和功能设施建设规划欠合理、设施利用率低等问题。

（4）贵州产业结构处于较低的层次，贵州必须对产业结构进行调整，发挥资源优势，加大支柱产业的培植力度，同时依托物流产业集群对贵州产业结构进行优化升级，以此来提高贵州市场竞争力，形成区域产业优势，提升招商引资的吸引力。

（5）贵州物流企业提供的增值服务较少，资源利用不充分，贵州物流从业人员的从业素质和服务能力不足；物流标准化的市场基础较弱，致使运作衔接性较差。物流产业集群管理方管理能力存在明显不足，除了进一步完善物流园区基础设施建设外，还应强化规范管理、专业化管理、强化园区管理方的服务意识，充分发挥园区的聚集效应，提供高附加值的增值服务。

（6）为了完善贵州物流产业集群支撑体系的建设，需要加大物流基础设施建设、推进物流标准化体系建设、建立物流园区运营绩效评价体系、加强物流园区运营的全流程管理、推动物流园区协同运作模式的形成、加快物流联盟的建立、探索物流企业合适的增值业务发展模式及加强物流产业集群宏微观层面的协同管理。

7.2　研究展望

本书对贵州现代物流产业集群进行了研究，为贵州现代物流产业集群的培育和发展提出了一系列解决思路和措施。但是，受时间与能力的限制，尚有许多有待完善和加强的地方。结合对该领域的认识，本书认为，以下问题需要进一步研究。

（1）物流园区运营效益的研究。当前贵州大部分物流园区正处于规划阶段，缺乏大量的实际运作资料，使得本书对贵州物流园区运营效益的研究尚停留在个案层面。尽管在第5章中提出让政府预留出发展物流产业集群所需的土地资源以谋求长远利益的发展，但需客观对贵州物流产业集群的产能与需求进行全方位的评估，确保物流产能的有效供给，避免陷入重复建设、恶性竞争的局面。

（2）物流园区规划布局合理性的研究。本书在对德、日两国物流园区的规划建设经验进行分析总结的基础上，提出了贵州物流园区在规划建设中可借鉴的做法。但是，贵州物流园区机械化水平、自动化水平是否具备使其园区建筑设施向高层发展的条件，以及是否能有效降低运营成本值得进一步研究。

参 考 文 献

常士全，梁冠民. 2011. 区域物流发展现状及其规划建设研究[J]. 甘肃科技，1：29-30.

陈云萍. 2010. 物流产业集群的竞争优势与形成模式[J]. 科技进步与对策，27（21）：85-90.

崔介何. 2008. 企业物流[M]. 北京：北京大学出版社.

邓超风. 2006. 东京物流园区团攻略[J]. 中国水运（理论版），4（9）：172-173.

杜胜利. 1999. 企业经营业绩评价[M]. 北京：经济科学出版社.

段永瑞. 2006. 数据包络分析—理论和应用[M]. 上海：上海科学普及出版社.

耿勇. 2010. 物流基础设施网络：规模与评价[M]. 北京：社会科学文献出版社.

郭仪，余文忠. 2009. 柳州市物流基础设施建设对FDI的影响研究[J]. 中小企业管理与科技旬刊，
（25）：133.

姜爱月. 2013. 全球价值链下我国物流产业集群升级研究[J]. 物流技术，32（3）：90-92.

韩伯领，陈娅娜，周茵，等. 2008. 铁路综合物流基地布局研究[J]. 铁道运输与经济，30（10）：
73-76.

韩兰兰. 2010. 物流园区运营管理模式研究[D]. 长安大学硕士学位论文.

黄荣光. 2008. 第三方物流服务提供商的评价与选择研究[D]. 同济大学硕士学位论文.

黄世政，蔡宪唐. 中国物流园区协同必展策略研究[C]. 第十一届中国技术管理（MOT2014）年
会论文集，617-622.

黄由衡. 2013. 物流产业集群基本内涵综述与辨析[J]. 商业时代，（22）：46-47.

蓝仁昌. 2011. 物流企业运行管理[M]. 北京：中国物资出版社.

李斌，陈长彬. 2010. 区域物流产业集群形成和发展的动力机制分析[J]. 商业经济与管理，
225（7）：18-24.

李大忠. 2012. 贵州物流行业发展现状、存在问题及建议[Z]. 贵州省物流行业协会内部交流资料.

李华峰，于洋. 2006. 物流业务：外包还是自营[J]. 科技咨询，35：247.

李兰冰. 2007. 物流产业集群的信任机制研究与政策启示[J]. 商业经济与管理，192（10）：16-22.

李双杰. 2006. 企业绩效评估与效率分析[M]. 北京：中国社会科学出版社.

李希成，林云. 2007. 基于区域经济的协同物流理论系统研究[J]. 中国储运，1：119-120.

李震，邓培林. 2008. 供应链中节点企业间合作关系信任机制分析[J]. 安徽农业科学，36（35）：
15712-15713，15745.

李向辉. 2009. 供应链环境下的供应商选择与管理问题研究[D]. 大连海事大学博士学位论文.

林勇. 2008. 物流管理基础[M]. 武汉：华中科技大学出版社.

刘兴太，杨震，程洪海，等. 2008. 层次分析法判断矩阵在确定科研绩效评价指标权重系数中的

应用[J]. 中国科技信息，19：185-186.

刘志英和王超. 2004. 核心竞争力基础上的物流联盟的建立[J]. 科技和产业，4（8）：21-24.

卢万顶. 2015. 物流产业集群功能初探[J]. 中国化工贸易，（19）：10.

马丽. 2008. 物流产业集群发展模式研究[D]. 武汉理工大学硕士学位论文.

马林，沈祖志. 2004. 长三角经济一体化与区域多物流中心整合[J]. 商业时代，18：48-49.

毛禹忠. 2009. 物流管理[M]. 第2版. 北京：机械工业出版社.

孟蝶，韦恒. 2008. 黑龙江省农产品物流园区的建设[J]. 物流科技（9）：76-78.

孟清萍. 2010. 贵州物流产业发展的战略思考[J]. 贵州信息与未来，5：42-46.

南岚. 2009. 港口物流产业集群共生结构的构建[J]. 改革与战略，25（12）：161-164.

倪明明. 2010. 基于模糊综合评价的物流园运营效果研究[J]. 价值工程，10：19-20.

裘炜毅，杨东援. 2003. 社会物流系统的绩效衡量[J]. 城市规划汇刊，3：61-64.

沈艳丽. 2010. 日本物流园区的规划建设研究及启示[J]. 中国市场——中国物流与采购研究，6：58-60.

史明华. 2008. 贵广高速铁路对贵州区域经济影响力及利用研究[D]. 贵州大学硕士学位论文.

宋瑞峰. 2011. 大连市物流产业集群竞争优势研究[D]. 大连海事大学硕士学位论文.

宋山梅，谢会强. 2009. 区域物流发展与区域经济增长关系的实证分析——以贵州为例[J]. 经济师，11：267-268.

唐振龙，张永杰. 2007. 物流联盟构建之思考[J]. 商场现代化，31：125-126.

王成金，韩增林. 2005. 关于我国区域物流体系建设的思考[J]. 人文地理，（6）：19-22.

王丹竹，陈佳娟. 2009. 基于模糊综合评价方法的物流园区绩效研究[J]. 物流科技，10：79-82.

王洪云. 2010. 基于产业集群的区域物流与区域经济的协同发展[J]. 中国经贸导刊，11：78-79.

王缉慈. 2001. 创新的空间——企业集群与区域发展[M]. 北京：北京大学出版社.

王维国. 2000. 协调发展的理论与方法研究[M]. 北京：中国财政经济出版社.

王文娟. 2011. 我国企业物流外包风险研究[D]. 山西财经大学硕士学位论文.

王新桥. 2012. 浅析区域物流与区域经济发展的关系[J]. 物流商论，4：153-154.

王瑛. 2005. 现代物流产业集群的形成和发展机制研究——以上海市外高桥物流园区为例[D]. 华东师范大学硕士学位论文.

韦国松，聂鸣，范体军. 2006. 第三方物流的风险分析与规避[J]. 中国物流与采购，3：38-42.

魏江. 2003. 产业集群——创新系统与技术学习[M]. 北京：科学出版社.

文海旭. 2005. 基于集群理论的中国物流产业发展战略[D]. 武汉大学硕士学位论文.

温志桃，董雄报. 2007. 基于项目管理的动态物流联盟构建研究[J]. 管理科学文摘，9：21-23.

吴琼. 2012. 物流园区绩效综合评价体系研究[D]. 北京交通大学硕士学位论文.

许骏，陈守东，张北阳. 2004. 物流中心及其绩效评价分析[J]. 工业技术经济，6：81-83.

徐萍. 2004. 德国货运中心向物流园区发展的特点分析[J]. 公路运输文摘，4：78-91.

许弢弢. 2012. 增值服务引领现代仓储企业新发展[J]. 企业研究，3：72-74.

薛如琴. 2004. 江苏现代物流保险初探[J]. 江苏商论，3：43-45.

闫华红. 2007. 我国产地农场商品批发市场的管理功能创新[M]. 北京：经济科学出版社.

于英杰. 2007. 关于虚拟物流企业联盟信息平台构建问题研究[J]. 价值工程，7：80-82.

袁庆达. 2006. 上海物流园园区布局研究[J]. 国际商务研究，1：57-60.

张峰. 2011. 企业物流外包的管理策略[J]. 中国市场，2：16，20.

章建新. 2007. 析区域经济发展中的物流产业集群功能[J]. 经济问题，（1）：119-121.

张莉莉. 2007. 物流园区定位研究[D]. 南京财经大学硕士学位论文.

张旭辉，杨勇攀. 2010. 第三方物流[M]. 北京：北京大学出版社.

张焱，瞿卫菁. 2002. 基于经营绩效评价表的经营绩效评价体系[J]. 南开管理评论，1：37-42.

张铎. 2011. 物流标准化教程[M]. 北京：清华大学出版社.

赵广华. 2010. 产业集群供应链协同管理体系构建[J]. 科技进步与对策，9：53-56.

赵一勤. 2008. 贵州省物流标准体系构建研究[J]. 重庆科技学院院报，10：129-130.

中国物流与采购联合会绿色物流园区赴德研修班. 2010. 德国物流园区考察报告[J]. 中国物流
    与采购，15：58-61.

周爱国. 2008. 物流大客户管理[M]. 北京：中国物资出版社.

周剑青，周万森，金红宇，等. 2005. 港口企业组建物流联盟的途径[J]. 世界海运，（3）：20-22.

周志权. 2011. 德国物流标准化对我国物流发展的启示[J]. 中国标准化，1：63-65.

周晓华，柴伟莉. 2010. 第三方物流[M]. 北京：电子工业出版社.

周永生，黄昊. 2012. 企业原料采购中的供应商选择研究[J]. 现代商业，2：60-61.

邓爱民，张春龙. 2012. 全球价值链下物流产业集群升级研究——以湖南省物流产业集群为例
    [J]. 情报杂志，（4）：100-106.

聂毅. 2011-08-16. 贵州八大重点港口码头之一：罗甸八总码头启用[N]. 贵州都市报数字报（头
    版），A05.

晨雨. 2012-03-27. 十大产业：贵州工业发展前锋[EB/OL]. http：//www.chinaacc.com/new/
    184_900_201203/27da968497786. shtml.

郑钟. 2013-02-18. 物流业发展转型成"主基调"[N]. 中国水运报，06版.

李瑞桥，纪缘圆，赵静. 2016-01-07. 贵州：一张蓝图干到底，西部首个县县通高速省[EB/OL].
    http：//news.xinhuanet.com/city/2016-01/07/ c_128603875.html.

贵州省交通运输厅. 2016-01-19. 2016年贵州交通运输工作会议召开[EB/OL]. http://www.moc.
    gov.cn/difangxinwen/xxlb_fabu/fbpd_guizhou/201601/t20160119_1978287.html.

肖心竹，胡锐. 2016-09-28. 贵州宽带速率位居西部第二[EB/OL].http：//iptv.lmtw.com/yj/201609/
    136442.html.

柯书敏，海峰. 2014. 物流园区与物流产业集群关系研究及治理建议[J]. 物流工程与管理，
    36（3）：1-3.

曾中文. 2007. 发展物流增值服务途径与策略[J]. 合作经济与科技，335：4-5.

刘玲玲. 2010. 贵阳现代物流业的发展对贵州经济社会发展的影响分析[J]. 贵州商业高等专科
    学校学报，23（4）：11-14.

Charnes A, Cooper W W, Rhodes E. 1981. Evaluation program and managerial efficiency: an application of data envelopment analysis to program follow through[J]. Management Science, 27 (60) : 668-697.

Doney P, Cannon J. 1997. An exam innation of the nature of must in buyer seller relationships[J]. Joumal of Maketing, 61: 35-51.

Mentzer J T, Brenda P K. 1999. An efficeincy/effectiveness approach to logistics performance analysis [J]. Business Logistics, 1: 33-62.

附录 全省物流园区基本情况

序号	园区名称	所在地州	投资金额/亿元	占地面积/亩	定位	是否建设	运输节点
1	黄桶幺铺物流园区	安顺市		22 290	商贸物流	在建	高速公路
2	安顺德鸿商贸物流有限公司	安顺市	30	1 200	商贸物流	在建	高速公路
3	坝草物流园区	安顺市	2	450	港口物流	规划	水陆联运
4	亿丰国际汽车物流园	安顺市	20	550	商贸物流	在建	城市主干道
5	黔中仓储物流园（黔中商贸城配套）	安顺市	30	600	商贸物流	在建	城市主干道
6	德力仓储工业物流园	安顺市	2	300	综合服务性	已建	高速公路
7	都拉营物流园区	贵阳市	5	4 000	综合服务性	在建	公铁联运
8	龙洞堡临空物流园区	贵阳市	120	4 000	综合服务性	拟建	航空运输
9	改貌物流园区	贵阳市	22.067 6	1 500	综合服务性	在建	公铁联运
10	金华物流园区	贵阳市	100	4 500	商贸物流	在建	高速公路
11	扎佐物流园区	贵阳市	10.010 4	3 795	工业物流	在建	公铁联运
12	清镇物流园区	贵阳市	20.020 8	3 000	综合服务性	在建	高速公路
13	开阳港务物流园区	贵阳市	3.999 8	445	综合服务性	拟建	水陆联运
14	沙文公路港物流园区	贵阳市		800	物流		高速公路
15	开阳物流园区	贵阳市	4	2 900	综合服务性	拟建	高速公路
16	息烽物流园区	贵阳市	2.5	100	工业物流	在建	公铁联运
17	贵州孟关国际物流港	贵阳市	55	1 650	综合服务性	在建	高速公路
18	贵阳花溪农产品物流园	贵阳市	10	900	农产品物流	已建	城市配送

序号	园区名称	所在地州	投资金额/亿元	占地面积/亩	定位	是否建设	运输节点
19	乌当物流园区	贵阳市	0.234 67	210	综合服务性	规划	高速公路
20	施秉物流园	黔东南州	23.77	25 390	综合服务性		城市配送
21	天柱黔东物流园区	黔东南州	12	440	商贸物流	已建	城市配送
22	凯里经济开发区物流园	黔东南州	70	300	商贸物流	已建	高速公路
23	麻江铁路物流园区	黔东南州	2.3	400	工业物流	在建	公铁联运
24	凯里炉山工业园区物流园	黔东南州	0.7	15.166 2	工业物流	已建	公铁联运
25	都匀农产品物流园	黔南州	6.6	434	农产品物流	在建	城市配送
26	龙里双龙物流商贸城	黔南州	32.76	1 000	商贸物流	在建	高速公路
27	贵定农产品综合商贸物流园	黔南州	11.6	202	商贸物流	在建	城市配送
28	麻尾工业园区泗亭物流园	黔南州	1	300	商贸物流	在建	公铁联运
29	木贾现代商贸物流园	黔西南州	54.3	1 839.9	商贸物流	在建	高速公路
30	兴义市桔山物流园	黔西南州	26.9	1 680	商贸物流	在建	高速公路
31	安龙物流园	黔西南州	22	3 300	物流	在建	城市配送
32	册亨县盘江物流园	黔西南州	3	500	物流	规划	城市配送
33	册亨县岩架港口物流园	黔西南州	8	4 500	港口物流	规划	水陆联运
34	普安县青山镇物流园区	黔西南州	1	100	物流	规划	城市配送（公铁联运）
35	普安县江西坡镇物流园区	黔西南州	3	21	物流	规划	城市配送
36	普安县盘水镇物流园区	黔西南州	2	30	物流	规划	城市配送
37	晴隆县商贸物流中心	黔西南州	13.39	514.5	物流	规划	城市配送
38	望谟县乐元港口物流园区	黔西南州	52	100.5	物流	规划	水陆联运

序号	园区名称	所在地州	投资金额/亿元	占地面积/亩	定位	是否建设	运输节点
39	望谟县桑郎镇农产品商务物流中心	黔西南州	3.6	27	农产品物流	规划	城市配送
40	望谟县平洞物流园区	黔西南州	5	100.5	物流	规划	城市配送
41	望谟县蔗香港临港物流园区	黔西南州	87	2 010	港口物流	规划	水陆联运
42	贞丰白层港物流园区	黔西南州	72	9 000	港口物流	在建	水陆联运
43	碧江区现代商贸物流园	铜仁市	39.6	800	商贸物流	在建	公铁联运
44	笑哈哈中国中西部（铜仁）国际商贸物流城	铜仁市	57	2 690	商贸物流	在建	公铁联运
45	孟溪建材物流产业园	铜仁市	0.516	15 990	商贸物流	规划	城市配送
46	谢桥新区物流园（铜仁西南现代商贸物流置业有限公司）	铜仁市	20	405	商贸物流	在建	高速公路
47	老山口综合物流园（贵州万盛物流有限公司综合物流园）	铜仁市	4	15 000	商贸物流	在建	高速公路
48	黔东北商贸物流园	铜仁市	20	835	商贸物流	在建	高速公路
49	飞凤山工业园区物流园	铜仁市	1.5	7.5	商贸物流	在建	高速公路
50	印江自治县物流园区	铜仁市	0.446	21	商贸物流(冷链物流)	已建	高速公路
51	东九物流园	铜仁市	4.5	409	商贸物流	规划	公铁联运
52	贵州大龙宝鼎物流中心园区	铜仁市	1.2	120	商贸物流	已建	公路运输
53	汇川区李家湾物流园	遵义市	20	2 000		规划	公铁联运
54	红花岗区忠深物流园	遵义市	1.963 54	3 500	商贸物流	规划	园区公路
55	新舟空港物流园	遵义市	75	22 500		规划	

续表

序号	园区名称	所在地州	投资金额/亿元	占地面积/亩	定位	是否建设	运输节点
56	遵义县三合物流园	遵义市	3.5	300		在建	
57	遵义国际物流城	遵义市	40	1 500	商贸物流	在建	公铁联运
58	红花岗粮油食品加工物流区	遵义市	6.1	1 000	物流	已建	城市配送
59	遵义新雪域农产品（冷链）物流园	遵义市	20	1 200	冷链物流	已建	城市配送
60	遵义县大恒物流配送中心	遵义市	12	400	商贸物流	在建	公铁联运
61	桐梓县区域物流中心	遵义市	5	3 000	物流		公铁联运
62	湄潭县黔北东部农副产品保险冷藏中心	遵义市	7.2	30	冷链物流	已建	
63	凤岗县农产品冷链物流项目	遵义市	0.7		冷链物流	在建	城市配送
64	大乌江物流园	遵义市	0.5	50	仓储配送	在建	水陆联运
65	茅台综合物流基地	遵义市	5	500	物流	在建	城市配送
66	遵义汇兴物流园	遵义市	3.8	1 000	物流	已建	公铁联运
67	毕节远航商贸物流园	毕节市	16	529	商贸物流	已投入使用	城市配送
68	大方县仓储物流中心	毕节市	1.71	600	商贸物流	规划	城市配送
69	百里杜鹃物流中心	毕节市	2	89	商贸物流	规划	城市配送
70	七星关区石桥边物流中心	毕节市	7	350	商贸物流	规划	城市配送
71	七星关区农产品冷链物流设	毕节市	5	100	冷链物流	规划	城市配送
72	毕节经济开发区现代物流园	毕节市		28 980	商贸物流		城市配送
73	金沙县物流本着中心	毕节市	2	200	商贸物流	已建	城市配送
74	威宁县农产品流通化及现代化建设项目	毕节市	2.6	100	商贸物流	规划	

续表

序号	园区名称	所在地州	投资金额/亿元	占地面积/亩	定位	是否建设	运输节点
75	盘县农副产品冷链物流配送中心	六盘水市	15	200	冷链物流	已规划	城市配送
76	六盘水物流中心	六盘水市	6.65	385.95	仓储配送	已规划	城市配送
77	六盘水市华荣副产品冷链物流中心	六盘水市	1.22	78	冷链物流		
78	六盘水物流园区	六盘水市		22 200		已建	
79	盘县红果物流配送中心	六盘水市	0.56	200	物流	已规划	公铁联运
80	盘县双凤物流中心	六盘水市	0.7	27			
81	城关镇红石岩物流中心	六盘水市	1	3			
82	水城县双水物流园区	六盘水市	3	45			
83	水城县双戛物流园区	六盘水市	3	45			
84	贵阳红华物流公司	六盘水市	2	300	商贸物流	已建	
85	六盘水发嘎坡物流园区	六盘水市	2.79	480			
86	圣庄国际物流产业园	六盘水市	0.2	202	水钢货运	已建	
87	牂牁湖水上物流中心	六盘水市	0.5	暂无			
88	六枝城区物流中心	六盘水市	10	400	物流	规划	公铁联运

注：资料主要来源于《2013年贵州省物流业现状调研》

后　记

自2011年7月贵州省优秀科技教育人才省长专项资金项目《工业强省战略下贵州现代物流产业集群的培育和发展对策研究》立项，到2014年4月该项目结题，加上近两年相关研究的持续跟进，本人对贵州现代物流产业集群的培育和发展有了更深入、更系统的认识。为了更好地推动贵州物流产业和物流企业的发展壮大，特将相关研究成果整理成册，希望能为管理物流、研究物流、使用物流和学习物流等相关人士打开一扇全方位审视贵州物流的窗口。在本书即将出版之际，借此机会向五年来给予我指导、帮助和关心的领导、同事、同学、朋友和亲人表示最衷心的感谢。

第一，向贵州省省委讲师团团长谢一教授、贵州省省委政策研究室吴祖平研究员、贵州大学高波教授表示最诚挚的谢意，他们宝贵的意见和建议对于本书结构的进一步优化具有重要的指导价值。

第二，向贵州财经大学姚旻教授表示衷心的感谢，其先前的研究成果和研究范式对本书的研究工作提供了宝贵的经验借鉴，对本书研究问题的聚焦和凝炼有着重要的启示。

第三，向以贵州省商务厅黄筑筠总经济师为组长的贵州省物流业现状调研工作小组致以崇高的敬意，该小组由省商务厅、省发改委、省交通运输厅、省统计局、贵州财经大学、贵州省物流行业协会、有关物流企业联合组成，从2013年7月至2014年4月在全省范围内进行了贵州省物流业现状调研，涉及了9个市（州）物流园区19个、物流企业73家，收集市（州）物流行业情况及有关物流专业领域情况汇报资料62份，发放并收回调查问卷132份。这些调查工作，使本人对贵州省物流业的发展现状、存在的主要问题有了较全面的了解和认识，也为本书提供丰富的素材。

第四，要对贵州省物流行业协会的李大忠会长、张愈江秘书长的信任和支持表示真诚的感谢，本人在主持编制贵州省地方标准《物流服务风险管理规范》和《城市配送服务规范》及《贵州省"十三五"商贸物流发展规划》等项目期间，对省内外大量的物流企业和物流园区进行实地调研和问卷调查，收集大量的第一手资料，为提高本书的应用价值提供有力的支撑。

第五，感谢贵州诚智物流有限公司、贵州勇拓物流有限公司、贵阳美安物流园、贵州纵吉仓储有限公司、贵铁物流有限公司、上海九州通医药集团、上海惠尔共同配送有限公司、上海天地汇投资有限公司、贵州省快递物流园等众多物流企业和园区给予本人调研工作的支持和帮助，使本书的现状分析和对策建议更符合企业和行业的实际情况。

第六，特别要感谢物流教研室的肖强副主任、江建宇博士、万娟老师、陈佳丽老师等同事在课题调研过程中进行的资料整理分析工作，为本书提供难得的宝贵资料！另外，在此还要特别感谢研究生厉娜、黄少辉、程伟丽及本科生徐飞、张教员、郭昌银、余明鑫、尚婕妤、梁林林、瞿家旺、常明、龙运雨、胡鹏、张恒恒、龙加燕等同学在资料收集整理、数据更新及图表制作方面做的大量工作！感谢万娟老师和研究生黄少辉、程伟丽、董慧、丁媛媛在校稿过程中提出的修改意见及建议，使本书得到了进一步的完善。在此一并表示感谢！

第七，衷心感谢我的父亲、母亲，在课题完成及成书的过程中，他们承担了不少的家务，对其理解与支持表示感谢！

第八，特别感谢我的妻子升伟，你的理解和关心激励我不断向前！同时，将此书献给我即将上小学的儿子东东，陪你玩耍对爸爸来讲是一件非常开心的事情，期待东东能长成一个乐观、勇敢且有担当的小男子汉。

本书得以出版，与众多领导、同事、同学、好友和亲人的关心与支持分不开！谢谢大家！

袁开福
2016年11月于贵阳